BURKHARD HOSE

seid laut!

BURKHARD HOSE

seid laut!

Für ein politisch engagiertes Christentum

Vier-Türme-Verlag

1. Auflage 2018

© Vier-Türme GmbH, Verlag, Münsterschwarzach 2018

Lektorat: Marlene Fritsch

Gestaltung: wunderlichundweigand, Stefan Weigand

Titelfoto: © Stefan Weigand/Vier-Türme GmbH

Druck und Bindung: CPI Books GmbH, Leck

ISBN 978-3-7365-0155-3

www.vier-tuerme-verlag.de

Inhalt

Das Kreuz des Jesus Christus

Das Kreuz des Jesus Christus
durchkreuzt was ist
und macht alles neu

      Was keiner wagt, das sollt ihr wagen
      was keiner sagt, das sagt heraus
      was keiner denkt, das wagt zu denken
      was keiner anfängt, das führt aus

      Wenn keiner ja sagt, sollt ihr's sagen
      wenn keiner nein sagt, sagt doch nein
      wenn alle zweifeln, wagt zu glauben
      wenn alle mittun, steht allein

      Wo alle loben, habt Bedenken
      wo alle spotten, spottet nicht
      wo alle geizen, wagt zu schenken
      wo alles dunkel ist, macht Licht

Das Kreuz des Jesus Christus
durchkreuzt was ist
und macht alles neu

Lothar Zenetti

Einleitung

Mit dem Evangelium kann man keine Politik machen?

»Kümmern Sie sich mal lieber um das Seelenheil Ihrer Schäfchen und überlassen Sie uns die Politik!«

Ich weiß nicht, wie oft ich diesen oder ähnlich lautende Appelle schon gehört habe. Meistens kommen solche Ermahnungen aus dem Mund von Politikerinnen und Politikern christlicher Parteien – vor allem dann, wenn sich die christlichen Kirchen zu brisanten gesellschaftlichen Fragen äußern oder gar das Handeln von Regierenden öffentlich kritisieren.

Im Februar 2015 sorgte der damalige Innenminister Thomas De Maizìere für eine heftige Diskussion, als er in einem Interview mit dem Deutschlandfunk die Haltung der Christen in der Asylpolitik kritisierte. Vor allem die vielen Kirchenasyle waren ihm ein Dorn im Auge. »Ja, das geht eben nicht, dass eine Institution sagt: ›Ich entscheide jetzt mal, mich über das Recht zu setzen.‹ Ich will mal ein etwas anderes Beispiel nehmen: Die Scharia ist auch eine Art Gesetz für Muslime, sie kann aber in keinem Fall über deutschen Gesetzen stehen« (DLF 08.02.15). Der Minister erntete dafür heftige Kritik aus den Kirchen, aber auch aus der eigenen Partei. Wenig später relativierte er den Scharia-Vergleich.

Nicht erst beim Stichwort »Scharia« fangen die Alarmglocken zu tönen an. Droht eine Vermischung von Religion und Politik, die, wie es der Innen- und Verfassungsminister damals befürchtete, vielleicht sogar den Rechtsstaat und damit das Grundgesetz infrage stellt?

Für mich nur ein weiteres Beispiel für einen Grundkonflikt, in dem wir uns als Gesellschaft derzeit befinden. Es gibt zwar immer weniger Christen in Deutschland und überhaupt geht die Zahl der Menschen mit einem religiösen Bekenntnis zurück. Gleichzeitig ist Religion ein öffentliches Thema wie schon lange nicht mehr. Und das liegt nicht nur an den vielen Diskussionen rund um den Islam.

Einerseits ziehen Politikerinnen und Politiker – nicht Kirchenvertreter! – den Begriff des Christlichen ständig in die politische Debatte, wenn sie in Parlamenten, in Interviews und auf der Straße davon sprechen, das Christentum gehöre zu Deutschland, und damit ausgesprochen oder indirekt ausdrücken: der Islam nicht. Damit machen sie das Christentum zum Gegenstand von Politik.

Das Christliche erscheint mir dabei vor allem zu einer Art Sammelbegriff für all das geworden zu sein, was man gegen den Islam an Haltungen, Werten und Gebräuchen anzubringen versucht. Laut tönen Rechtspopulisten, aber auch manche Vertreter christlicher Parteien, die »christlich-abendländische Tradition« müsse gegen den Islam verteidigt werden. Die christlich-jüdische Prägung Deutschlands wird behauptet, um vor einer vermeintlichen Überfremdung durch den Islam zu warnen. Diese durch Politiker demonstrierte und beschworene christliche Prägung gilt als Garant für Freiheitsrechte, Menschenwürde und Demokratie.

Ich wundere mich immer wieder über die Geschichtsvergessenheit, die einem solchen Denken anhaftet. Wie kann man ausblenden, dass uns genau diese Prägung nicht davor bewahrt hat, im zwanzigsten Jahrhundert einer menschenverachtenden und todbringenden Ideologie zu verfallen, die vielen Millionen Menschen die staatlich angeordnete Ermordung in Konzentrationslagern oder den sinnlosen Tod auf dem Schlachtfeld brachte? Wie kann man vergessen, dass die angeblich jüdisch-christliche Prägung unseres Landes über Jahrhunderte vor allem darin bestand, dass Christen Juden verfolgten, ermordeten und für politische Zwecke missbrauchten? In dieser Tradition war die überwiegende Mehrheit der deutschen Bevölkerung 1933 übrigens der festen Überzeugung, das Judentum gehöre nicht zu Deutschland.

Während also einerseits Religion durch Vertreter der Politik zum Thema gemacht wird, mischen sich andererseits tatsächlich mittlerweile auch immer mehr Christen oder offizielle Repräsentanten der Kirchen in politische Diskussionen ein. Nach meinem Eindruck geschieht dies jedoch meistens eher als Reaktion auf die Politik. Immer häufiger geht es bei solchen Äußerungen darum, sich das Christliche nicht durch Äußerungen oder Aktionen von Politikerinnen und Politikern wegnehmen zu lassen. Der Vorwurf steht im Raum, das Christentum werde hier für politische Zwecke missbraucht, zum Beispiel für eine Politik der Abgrenzung gegenüber dem Islam. Wobei der Islam eher als Platzhalter für das größere Thema Zuwanderung steht.

Tatsache ist also: Es geht gar nicht mehr um die Frage, ob Religion überhaupt eine Rolle in der Politik spielen darf. Das tut sie nämlich längst. Und sie wird es auch weiterhin tun. Da hilft es wenig, wenn eingefleischte und fundamentale Verfechter einer Trennung von Staat und Kirche bei jeder Gelegenheit tönen: »Religion ist Privatsache!« und auf das Unheil hinweisen, das in der Geschichte durch eben diese Verbindung von Religion und Politik über die Menschheit gekommen ist. Dem Schlagwort »Scharia« werden dann noch die »Kreuzzüge« und die »Hexenverbrennung« an die Seite gestellt, und schon ist das Angstszenario einer unheilvollen Vermischung von Politik und Religion perfekt. Dabei steht hinter jedem dieser Begriffe tatsächlich eine Geschichte, die zeigt, wohin es führen kann, wenn Religion und Politik sich gegenseitig benutzen. Aber helfen uns Diskussionen weiter, die sich auf Schlagworte beschränken, die zunehmend zu Kampfbegriffen aufgeladen werden?

Warum landet beinahe jede Debatte um das Verhältnis von Christentum und Politik nach wenigen Sätzen bei der missbräuchlichen Verwendung des einen durch das andere? Als ob es nicht auch so etwas geben könnte wie ein positives politisches Engagement, das seine Motivation aus der eigenen Religion bezieht. Mir drängt sich der Eindruck auf, dass Religion umso mehr zum politischen Streitthema wird, je weniger inhaltlich gefüllt ist, was christliche Werte eigentlich sind. Nicht ohne Grund wird inzwischen immer wieder darüber gewitzelt, dass die tapfersten Verteidiger des christlichen Abendlandes in den Reihen derer zu finden sind, die wenig bis gar keine Kenntnis oder eigene Erfahrung mit dem Christentum verbindet.

Deshalb ist es für mich an der Zeit, jenseits der Schlagworte ernsthaft und mit Inhalten gefüllt die Frage zu stellen: Darf es so etwas geben wie ein politisch engagiertes Christentum? Oder muss es vielleicht sogar so etwas geben wie eine Neuentdeckung eines christlich begründeten politischen Engagements? In welchem Verhältnis stehen politisches Christentum und Rechtsstaat oder politisches Engagement von Christen und Demokratie tatsächlich zueinander?

Alte Beschreibungen einer christlichen Politik scheinen nicht mehr zu überzeugen. Sie spielen zumindest gegenwärtig kaum noch eine Rolle. Dabei haben sie schließlich einmal zu den Parteien geführt, die heute noch ein »C« im Namen tragen. Immer häufiger wird aber infrage gestellt – nicht zuletzt aus den Reihen der Kirchen –, dass die Politik der christlichen Parteien tatsächlich auch christlich ist. Was aber ist »christliche Politik«? Woran ist sie zu erkennen? Es ist an der Zeit, diese Frage inhaltlich zu beantworten und sich damit zu befassen, was die christliche Botschaft, was das Handeln und die Predigt Jesu mit Politik zu tun haben. Dafür braucht es einen Blick in die Bibel.

Von Reichskanzler Bismarck stammt angeblich der Ausspruch: »Mit der Bergpredigt kann man keine Politik machen!« Helmut Schmidt und Franz-Josef Strauß haben diesen Satz später ebenso bemüht wie viele andere, weniger bekannte Politikerinnen und

Politiker. Sie alle hielten es entweder für naiv oder für gefährlich, wenn sich Menschen mit Verweis auf die Bibel in politische Diskussionen einschalteten. Man kann und muss also darüber streiten, ob die Bibel dazu geeignet ist, um unmittelbar und konkret Politik zu machen. Aber die biblische Spurensuche nach dem politischen Gehalt des Evangeliums wird zeigen, dass die christliche Botschaft von Anfang an auch politisch verstanden wurde und dass dies Jesus selbst bereits bewusst war. Davon zeugt nicht zuletzt der Auftrag Jesu an die Frauen und Männer, die sich ihm angeschlossen hatten: »Ihr wisst, dass die, die als Herrscher gelten, ihre Völker unterdrücken und die Mächtigen ihre Macht über die Menschen missbrauchen. Bei euch aber soll es nicht so sein, sondern wer bei euch groß sein will, der soll euer Diener sein« (Markus 10,42–43). Die Frage wird zu stellen sein, was dieses »Dienen« übertragen in unsere heutige Gesellschaft bedeutet. Der Auftrag Jesu formuliert eine Alternative zu den herkömmlichen Formen der Machtausübung. Wie müsste eine Politik heute aussehen, die sich von diesem Satz leiten lässt? Gibt es tatsächlich so etwas wie eine christlich-alternative Politik?

Neben den aktuellen Ereignissen, die mich dazu drängen, eine Antwort auf die Frage nach einem politisch engagierten Christentum zu stellen, gibt es zwei weitere Motive, die mich bewegen. Das eine verbindet sich für mich mit dem Begriff »historische Verantwortung«, das andere hat mit meiner persönlichen Biografie zu tun.

Mit »historischer Verantwortung« meine ich das weitgehende Schweigen der Christen in der Zeit des Nationalsozialismus. Der Blick in die Geschichte lehrt, dass Schweigen und ein Sich-Heraushalten mindestens genauso verheerende politische Folgen haben können wie ein Sich-Einmischen. Es gab einzelne mutige Menschen, die aus ihrer Glaubensüberzeugung heraus nicht weggeschaut haben, sich nicht heraushalten konnten und laut Protest angemeldet haben – auch in der Zeit des Nationalsozialismus. Aber es waren viel zu wenige! Es wurde zu viel geschwiegen und es wurde zu wenig gehandelt.

Beeindruckend für mich war dagegen das Engagement der Kirchen in den letzten Monaten der DDR. Die Kirchen wurden zum Ort des Protestes gegen die Diktatur, boten Raum für die freie Rede und achteten gleichzeitig auf die konsequente Gewaltlosigkeit des Widerstands. Dieser Form des politischen Engagements der Kirchen ist es vermutlich mit zu verdanken, dass die Wende ohne Blutvergießen vollzogen wurde.

Der Blick in die Geschichte macht zumindest eines deutlich: Ganz gleich, ob Christen sich bewusst in die Politik eingeschaltet haben oder aber zugesehen und geschwiegen haben – beide Wege haben Auswirkungen auf die Politik. Die Entscheidung, sich vor dem Hintergrund der eigenen Glaubensüberzeugung zu engagieren, und die Entscheidung, sich mit dem Glauben ins Private zurückzuziehen, sind – ob bewusst oder nicht, ob gewollt oder nicht – jeweils politische Entscheidungen.

Für mich ergibt sich gerade vor diesem historischen Hintergrund angesichts der aktuellen politischen Instrumentalisierung von Religion durch Populisten und Fundamentalisten die Notwendigkeit, sich als Christ einzumischen. Wir dürfen nicht denen das Feld überlassen, die das Christentum vor allem dazu verwenden, um Abgrenzung gegenüber anderen Menschen und ihrer Religion zu betreiben. Diese Stimmen nehme ich zurzeit in der politischen Diskussion sehr laut und dominierend wahr.

Leise oder zumindest zurückhaltend erscheinen mir dagegen die Stimmen derer, die sich aus einem christlichen Antrieb heraus für andere Menschen engagieren und dabei nicht ausgrenzend gegen andere handeln, sondern sich positiv für christliche Werte in der Gesellschaft einsetzen und dies bewusst gemeinsam mit Menschen aus anderen Ländern oder Religionen tun. Es ist an der Zeit, dass wir laut werden! Laut im Sinne von »deutlich und selbstbewusst«.

Die christliche Botschaft ist nicht Bollwerk gegen andere Menschen! Sie hat das Potenzial, das friedliche Zusammenleben von unterschiedlichen Menschen in unserer Gesellschaft zu fördern. Ja, das ist eine politische Botschaft. Stehen wir dazu!

Überlassen wir nicht denen das Feld, die das Christentum dazu missbrauchen, um gegen andere Menschen zu hetzen oder für die das Christentum nur ein anderer Begriff ist für »konservativ sein«. Wenn es so etwas gibt wie ein Lernen aus der Geschichte oder zumindest historische Verantwortung, dann bedeutet dies für mich: Machen wir nicht wieder den Fehler, zu lange zu schweigen, wegzuschauen und uns als Christen nur um die eigenen innerkirchlichen Belange zu kümmern!

Schließlich bewegt mich ein ganz persönlicher, biografischer Grund dazu, für ein politisch engagiertes Christentum einzutreten. Ich war es schon als Kind gewohnt, dass bei uns zu Hause am Mittagstisch über Politik diskutiert wurde. Meinen Eltern bin ich für diese Atmosphäre der Offenheit gegenüber politischen Themen, des kritischen Fragens und gleichzeitig des geerdeten Christseins sehr dankbar. In der kirchlichen Jugendarbeit habe ich schließlich in endlosen Versammlungen gelernt, wie Entscheidungen nach demokratischen Regeln getroffen werden.

Es mag für manche Ohren seltsam klingen, aber ich habe der katholischen Kirche und ihrer Jugendarbeit zu verdanken, dass ich mich in Verfahrensdebatten sicher bewegen kann, dass ich zu schätzen weiß, dass die Fähigkeit zum Kompromiss kein Zeichen von Schwäche, sondern eine Stärke ist. Ich habe mein politisches Bewusstsein aber auch Missionarinnen und Missionaren zu verdanken, denen ich schon als Kind und Jugendlicher in meiner Heimatgemeinde begegnet bin und die von ihrem Engagement für mehr Gerechtigkeit und gleiche Lebenschancen in benachteiligten Ländern berichtet haben. Friedensgebete, Lichterketten und Mahnwachen mit Kerzen in den Händen gehörten für mich deshalb schon immer zu meinem christlichen Glauben dazu. Mein Glaube spielte sich nie nur in heiligen Räumen oder im Privaten ab, sondern immer auch auf Straßen und in der nichtkirchlichen Öffentlichkeit.

Zehn Jahre darf ich schon in einer Hochschulgemeinde arbeiten, in der ich viele junge Leute erlebt habe, deren soziales Engagement und vor allem deren waches Gewissen ich bewundere. Darunter sind auch solche, die sich mit hohem Idealismus auf einem Baum festketten, um zu verhindern, dass er gefällt wird. Es sind Leute darunter, die mutig gegen Rassismus protestieren. Ich bin jungen Menschen begegnet, die sich auf die Straße setzten, um Nazi-Aufmärsche zu verhindern und dafür mit Gerichtsverfahren überzogen wurden. Und ich erlebe viele, die eher zurückhaltend, aber mit der gleichen Deutlichkeit Woche für Woche Treffen mit Geflüchteten organisieren oder die durch ihr Engagement für Häftlinge oder für Menschen mit Behinderungen auf strukturelle Defizite in der Gesellschaft aufmerksam machen.

Gleichzeitig erlebe ich in regelmäßigen Abständen, dass ich – wenn ich zum Beispiel dieses vielfältige Engagement von Studierenden würdige – gefragt werde: »Und wie viel Kapazitäten haben Sie in Ihrer Tätigkeit für das Eigentliche?« Mit dem »Eigentlichen« sind dann häufig gottesdienstliche Angebote, Glaubensgespräche oder Bibelkreise gemeint. Als sei soziales und politisches Engagement in einer Hochschulgemeinde so etwas wie die Spielwiese neben dem »eigentlich Christlichen«.

Diese Auseinandersetzungen begleiten mein ganzes bisheriges berufliches Leben. Immer wieder ist mir der Vorwurf begegnet, ich sei zu politisch. Diesem Urteil liegt aus meiner Sicht aber ein tiefes Missverständnis der christlichen Botschaft zugrunde. Wie auch die Aufforderung, sich lieber um das »Seelenheil« zu kümmern, anstatt sich in die Politik einzumischen: Es ist die Annahme, das Christentum sei ursprünglich eigentlich unpolitisch, die Botschaft Jesus sei keine weltliche, sondern bewege sich abgehoben von der Welt und den Niederungen der Politik. Es ist das Missverständnis, die ursprünglich unpolitische Botschaft des Evangeliums sei erst im Nachhinein politisch aufgeladen und verzweckt worden. Das »Eigentliche« sei also so etwas wie ein von politischer Interpretation befreites »reines« Christentum.

Es ist mir ein ganz persönliches Anliegen, der Frage Raum zu geben, wie politisch engagiert ich als Christ und auch als Priester sein kann oder sein muss.

Kapitel 1

»Wer in der Demokratie schläft …«

Es gibt Momente, in denen man die Stille hören kann. Diese Momente sind angefüllt mit Gedanken und Gefühlen, die zwar nicht ausgesprochen werden, aber unüberhörbar sind. Einen solchen Moment erlebe ich, als Éva Fahidi diesen Satz sagt: »Gleichgültigkeit ist wie Gift.« Es ist so, als wäre jedem und jeder in diesem Augenblick bewusst, welche Folgen die Worte für das eigene Leben haben. Der Saal im Gemeindezentrum der Würzburger Jüdischen Gemeinde ist an diesem Abend im Frühjahr 2015 so voll, wie ich ihn schon lange nicht mehr erlebt habe. Über 800 – meist junge – Menschen füllen die Plätze. Viele von ihnen sitzen auf dem Boden. Sogar auf dem leicht erhöhten Podium kauern Studierende und lauschen den Worten der betagten zierlichen Frau, die neben mir Platz genommen hat. Es wirkt auf mich so, als wollten die jungen Leute der alten Frau und dem, was sie sagt, so nahe sein wie möglich. Éva Fahidi gehört zu den Menschen, die wir mit dem etwas technisch wirkenden Titel »Zeitzeugen« versehen, als wäre das, was sie tun, schon so etwas wie ein Beruf, den sie sich gewählt haben, oder wie eine Auszeichnung, die man ihnen an die Brust heftet. Dabei war es für sie – wie für alle anderen, auf die diese Bezeichnung zutrifft – nicht der Plan, den sie als junger Mensch für ihr eigenes Leben hatte. Sie hat als ungarische Jüdin die Shoa überlebt. Am 1. Juli 1944 steht sie auf der Rampe von Auschwitz vor dem berüchtigten KZ-Arzt Josef Mengele. Innerhalb von Sekunden entscheidet sich für sie, ob sie weiterleben darf oder wie ihre Familienangehörigen in die Gaskammer geschickt wird. Zum letzten Mal sieht die damals 18-Jährige ihre Mutter Irma, ihre 11 Jahre jüngere Schwester Gilike, ihre Cousine Boci und deren sechs Monate altes Kind. Alle werden ermordet. Nur sie überlebt. Davon erzählt die inzwischen 89-jährige Frau, die bei der Veranstaltung in Würzburg immer wieder freundlich, fast liebevoll ins Publikum lächelt. Sie ist berührt von den vielen jungen Menschen, die an ihren Lippen hängen. Die meisten von ihnen sind in dem Alter, in dem sie damals war, als sie der Ermordung entkommen ist. Auch sie haben Pläne für ihr Leben, wie Éva damals. Es war nicht ihre Wahl, zur Zeitzeugin zu werden.

Sie hat sich nicht dafür entschieden, wie man sich in diesem Alter für einen Beruf oder für ein Studienfach entscheidet. An diesem Abend erzählt sie, wie es dazu kam. Und noch nach 70 Jahren ist sie erschüttert über die Gleichgültigkeit der ungarischen Bevölkerung, die zusah, als ihre jüdischen Nachbarn im Frühjahr 1944 während einer großen Verfolgungswelle in die Vernichtungslager deportiert wurden. Es sind etwa 450 000 Menschen, die unter den Augen der nichtjüdischen Bevölkerung zu den Bahnhöfen geführt wurden, um dort in die Todeszüge zu steigen.

»Gleichgültigkeit ist wie ein Gift«, sagt Éva Fahidi. Noch immer ist ihr ihre Verwunderung und ihr Entsetzen anzumerken, wenn sie das sagt und wenn sie darüber spricht, wie Menschen einfach zuschauten und sogar mithalfen, als dieses unglaubliche Unrecht geschah. Hass und Gleichgültigkeit brachten 49 Mitgliedern ihrer Familie den Tod und machten sie zur »Zeitzeugin«.

Dann spricht sie über Ungarn heute, über das Orbán-Regime, über den neu entflammten Antisemitismus und über die Stimmungsmache gegen Geflüchtete. Sie redet auch über ihre Angst, dass sich Dinge wiederholen könnten. Die Gleichgültigkeit und die Zustimmung zu offensichtlichem Unrecht wiederhole sich zumindest schon, sagt sie.

Auf einmal erscheint es mir, als würde die Stille im

Saal nicht nur hörbar, sondern laut. Die Betroffenheit und die Entschlossenheit so vieler junger Menschen im Raum, nicht gleichgültig Unrecht mitanzusehen, ist spürbar. Viele gehen an diesem Abend bewegt und aufgewühlt nach Hause. Manchen ist dieser Entschluss wie ins Gesicht geschrieben, nicht gleichgültig wegzuschauen, wenn Menschenrechte verletzt werden und die Demokratie in Gefahr gerät.

Als sich im Jahr darauf eine Studentin zum Abschluss ihres Studiums bei mir in der Hochschulgemeinde verabschiedet, sagt sie, der Abend mit Éva Fahidi sei einer der wichtigsten Augenblicke in ihrem bisherigen Leben gewesen. Sie habe sich an diesem Abend entschlossen, sich noch mehr für andere Menschen zu engagieren und nicht nur darauf zu schauen, wie sie möglichst schnell und erfolgreich ihr Studium schaffen könne. Sie erzählt davon, dass Éva Fahidis Worte ihr den Anstoß gegeben haben, sich für die Rechte geflüchteter Menschen einzusetzen.

Was ich zusammen mit vielen anderen an diesem Abend mit Éva Fahidi erlebt habe, reiht sich ein in viele Begegnungen mit Überlebenden der Shoah und mit anderen Zeitzeugen. Ich erinnere mich an das erste Mal, als ich tatsächlich begriff, dass die Verbrechen der NS-Zeit nicht nur Geschichtsbuchwissen sind, sondern etwas mit mir zu tun haben. Für mein Abitur habe ich im Rahmen einer Facharbeit den Widerstand eines katholischen Pfarrers in meiner Heimatgemeinde während der NS-Zeit beschrieben. Ich saß mehrere Tage im Staatsarchiv, habe Gestapo-Akten eingesehen und persönliche Aufzeichnungen des Pfarrers aus seinem Nachlass studiert. Am meisten beeindruckt haben mich allerdings die Interviews, die ich mit Zeitzeugen geführt habe. Es waren Menschen, die aus ihren Erinnerungen das Verhalten des Pfarrers beschrieben und mir einen Einblick gaben in ihre eigene Haltung. Einige von ihnen waren während der Zeit des Nationalsozialismus' in der kirchlichen Jugendarbeit engagiert. Zu dem Zeitpunkt, als ich sie interviewte, waren die meisten um die 60 Jahre alt und standen noch mitten im Leben. Es waren Menschen, die mir davon erzählten, dass sie sich als Jugendliche dafür entschieden hatten, nicht mit der Masse zu gehen. Bei geheimen Treffen in der Kirche oder in kirchlichen Räumen bestärkten sie sich gegenseitig darin, dass ihr christlicher Glaube und die Ideologie der Nationalsozialisten nicht zusammenpassten. Sie leisteten als junge Menschen keinen großen oder nach außen aufsehenerregenden Widerstand, aber sie lehnten sich in ihrem Inneren auf gegen das Unrechtsregime. Manchmal ging ihre innere Auflehnung bis hin zur Verzweiflung, weil sie in ihrem Alter so wenig gegen die Übermacht des Unrechts und der lauten Propaganda tun konnten.

Immer wieder kommen mir die Worte des Holocaustüberlebenden Elie Wiesel in den Sinn: »Wenn Sie die Wahl haben, zwischen Verzweiflung und Gleichgültigkeit zu wählen, wählen Sie die Verzweiflung, nicht die Gleichgültigkeit! Denn aus Verzweiflung kann eine Botschaft hervorgehen, aber aus der Gleichgültigkeit kann per definitionem nichts hervorgehen.« (Erinnerung als Gegenwart. Elie Wiesel in Loccum [Mai 1986]. Loccumer Protokolle 25/1986, S. 157).

Elie Wiesels Rat begleitet mich schon lange. Manchmal gebe ich diesen Rat jungen Leuten weiter, die daran verzweifeln, dass ihr Engagement so wenig auszurichten scheint gegen ungerechte Verhältnisse in der Gesellschaft, gegen die Ausgrenzung von Geflüchteten oder gegen die Zerstörung der Natur. Elie Wiesel bringt auf den Punkt, was sich wie ein roter Faden durch alle meine Gespräche und Begegnungen mit Zeitzeugen zieht. Manchmal habe ich dabei das Gefühl, dass die Gleichgültigkeit und das Wegschauen von Nachbarn mindestens genauso tiefe Narben bei den Verfolgten hinterlassen haben wie offene Ablehnung und Hass.

Hin und wieder werde ich gefragt, warum ich mich als Priester eigentlich so intensiv für Politik interessiere, mich in verschiedenen Bündnissen für eine offene respektvolle Gesellschaft engagiere und dafür auch auf die Straße gehe. Mir wird immer mehr

bewusst: Es sind vor allem diese Erlebnisse mit Zeitzeugen. Sie sind vielleicht der eigentliche Grund für
mein politisches Bewusstsein, für so viele Stunden,
die ich auf der Straße bei Demonstrationen, in politischen Diskussionen oder in der Begleitung von Geflüchteten verbringe.

Wer einmal die laute Stille erlebt hat, die sich um
Überlebende der Shoa verbreitet, wenn sie zu erzählen beginnen, kann nicht mehr wegschauen und
stumm bleiben. Ich habe für mich aus jedem dieser
Zeitzeugengespräche mitgenommen: Das Gift der
Gleichgültigkeit zerstört die Mitmenschlichkeit und
es ist die vielleicht größte Gefahr für die Demokratie.
In mir hat das Erschrecken über die Verbrechen der
NS-Zeit vor allem eines bewirkt: die Entschlossenheit, nicht stumm wegzuschauen, wenn Menschen
in ihrer Würde verletzt werden. Das hat für mich
nichts mit schlechtem Gewissen oder gar mit einem
»Schuldkomplex« zu tun, wie manchmal von denen
behauptet wird, die am liebsten unter die Erinnerung
an die Verbrechen einen »Schlussstrich« ziehen würden. Nein, ich trage persönlich natürlich keine Schuld
an den Verbrechen der Shoa, aber ich spüre: Ich bin es
den Überlebenden von damals schuldig, dass ich heute gegen die Gleichgültigkeit ankämpfe.

In den letzten Jahren sind zu den Zeitzeugen der
Shoa aber noch andere Menschen hinzugekommen,

denn gegen Gleichgültigkeit anzugehen und mich einzumischen, bin ich auch denen schuldig, die heute aus Unrechtsregimen fliehen müssen. Viele von ihnen sind mir zu Freunden geworden. Für sie ist die Erfahrung von Diktatur nicht abstraktes Wissen aus dem Geschichtsunterricht, sondern am Leib erfahrene Gegenwart. Sie wissen aus eigenem Erleben, dass Demokratie keine Selbstverständlichkeit ist.

Ich habe nie in einer anderen Staatsform als der Demokratie gelebt. Ich konnte meinen Plänen und Träumen, die ich als junger Mensch hatte, unter den Bedingungen einer demokratischen Gesellschaft und im Frieden folgen. Die jungen Leute, die ich vor allem seit dem Sommer 2015 kennengelernt habe und die vor Krieg und Diktatur geflohen sind, erinnern mich mit ihren Erzählungen an manche Schilderungen von Zeitzeugen. Auch sie hatten andere Pläne für ihr Leben, bis irgendwann der Punkt kam, an dem sich das normale Leben änderte. Sie beschlossen zum Beispiel, sich mit anderen Studierenden in Syrien den Demonstrationen gegen das Assad-Regime anzuschließen. Oder sie trafen für sich die Entscheidung, nicht in der Armee des Diktators kämpfen zu wollen. Und auf einmal änderte sich ihr Leben. Alle Pläne wurden zerstört. Ab jetzt gab es nur noch einen Plan: zu überleben. Ich spreche mit jungen Leuten, die ihr Studium abgebrochen haben, ihren Beruf aufgegeben haben und deren Familien auseinandergerissen wurden. Ich erlebe die Angst von Menschen, die ihre Angehörigen im Krieg zurücklassen mussten. Und plötzlich stehen nicht mehr alte Menschen vor mir, die vom Krieg erzählen, wie ich es seit meiner Kindheit gewohnt war. Ich schaue in junge Gesichter. Ich höre Geschichten, die ich von der Generation meiner Eltern und Großeltern kenne – jetzt erzählt von jungen Stimmen. Es sind grausame Geschichten. Viele haben gute Freunde verloren, die in den berüchtigten Foltergefängnissen des Assad-Regimes verschwunden sind und dort ermordet wurden. Ich bange mit einem syrischen Freund, dessen Bruder auf der Straße festgenommen und verschleppt wurde. Wochen der Ungewissheit folgen, in denen es kein normales Leben mehr gibt für den jungen Mann, der hier – weit entfernt vom Geschehen – gerade dabei ist, sich ein neues Leben aufzubauen.

Ich hingegen habe einfach das Glück, dass ich aus Zufall in einer Zeit und in einem Land geboren wurde, in denen Frieden herrschen. Nie wurde ich verfolgt wegen meiner Einstellung, meiner Religion oder wegen meiner Art zu leben. Nie habe ich erfahren müssen, wie es ist, eine Todesnachricht von einem lieben Angehörigen oder Freund zu erhalten, die durch Bomben getötet oder erschossen wurden. Nie musste ich mit ansehen, wie vor meinen Augen ein

Mensch verschleppt oder getötet wurde. Ich wurde nie zu Unrecht verurteilt oder ins Gefängnis geworfen. Ich stand auch nicht mit zwanzig Jahren vor der Entscheidung, mein Studium abbrechen zu müssen, meine Eltern und Geschwister zu verlassen, um in ein fremdes Land zu fliehen, vollkommen auf mich selbst gestellt.

Allein dieses unverdiente Glück wäre eigentlich Grund genug, meine Lebensenergie dafür einzusetzen, dass andere Menschen den gleichen Frieden, die gleiche Gerechtigkeit und die gleiche Achtung erfahren, die für mich und für die nachfolgenden Generationen in Deutschland so selbstverständlich geworden sind. Mein persönliches Lebensglück, die Begegnung mit Menschen, die in der Vergangenheit und in unseren Tagen dieses Glück nicht hatten, und meine Überzeugung, dass alle Menschen die gleichen Chancen haben sollten, verbinden sich für mich zu einem eindringlichen Auftrag: Bleibe nicht gleichgültig, wenn anderen Menschen ihre Lebensmöglichkeiten geraubt werden!

Noch etwas ist mir aus all diesen Erfahrungen bewusst geworden: Ich halte es nicht mehr für eine Selbstverständlichkeit, im Frieden leben zu können. Auch gehe ich nicht mehr davon aus, dass die Demokratie, in der ich aufgewachsen bin, so etwas wie ein ewiges Geschenk ist, an dem man sich eigentlich nur freuen muss und das einem sicher ist. Demokratie ist keine Selbstverständlichkeit.

Mit Erstaunen nehme ich zudem wahr, mit welcher Überheblichkeit so manche heute 50-Jährige meinen, sie müssten die Demokratie, den Wohlstand und die Errungenschaften der Aufklärung und all das, »was wir aufgebaut haben«, gegen Menschen, die aus Diktaturen zu uns flüchten, verteidigen. Mir scheint es so, als ob dabei jene am lautesten tönen, denen die »Gnade der späten Geburt«, wie es Helmut Kohl einst nannte, all diese Errungenschaften ohne eigenes Zutun schlicht in die Wiege gelegt hat. Viele Zeitzeugen hingegen, die selbst Krieg und Vertreibung erleben mussten, sind oft viel zurückhaltender in ihrem Urteil über Menschen, die heute zu uns flüchten. Bisweilen legen sie eine Solidarität an den Tag, die nicht viele Worte macht – als gebe es so etwas wie eine Verbindungslinie zwischen den Generationen, ein stilles Verstehen. Bei meinem Vater und seiner älteren Schwester habe ich das so erlebt. Beide sind als Kinder mit ihren Eltern 1945 aus Oberschlesien geflüchtet. Sie haben sich in den vergangenen Jahren in meiner Wahrnehmung ganz unaufgeregt und alltäglich an die Seite der jungen Menschen auf der Flucht gestellt. Es gab Augenblicke, in denen ich beiläufig mitbekam, dass junge Geflüchtete sich in den Bus setzten, um zu meiner Tante in ein Dorf außerhalb Würzburgs zu fahren, dort den Rasen mähten oder Dinge im Haus reparierten, meine Tante Kuchen für sie bereithielt und sie offenbar Gespräche miteinander führten, von denen ich wenig erfuhr. Die jungen Leute aus Syrien, die mir sonst alles, was sie unternahmen, sofort und in Details erzählten oder per WhatsApp Fotos von jedem Zusammensein schickten, erwähnten diese Ausflüge nur mit spärlichen Worten: »Wir waren bei Tante Inge und haben zum Kaffee zusammengesessen. Sie ist so lieb.« Da gab es fast so etwas wie eine kleine verschwiegene Schicksalsgemeinschaft, zu der ich als »Spätgeborener« irgendwie nicht dazugehörte. Tante Inge sagte manchmal nur in ebenso sparsamen Worten: »Ach, glaub mir, ich weiß, wie es den jungen Leuten geht.« Mit diesem kurzen Satz war alles gesagt. Und gleichzeitig hob dieser eine Satz für mich das laute und überhebliche Getöse derer aus den Angeln, die niemals in ihrem Leben wirklich auf etwas verzichten mussten und heute gegen Geflüchtete zu Felde ziehen, als würden diese ihnen ein Deutschland wegnehmen, das sie angeblich so mühsam aufgebaut haben. Ich wünschte mir manchmal, den lauten Populisten würden wenigstens für einen Moment die Augen dafür geöffnet, dass diese Demokratie ein Geschenk ist, zu dem sie selbst nichts beigetragen haben, sondern das Menschen früherer Generationen für uns heute erarbeitet und auch erlitten haben.

Mir selbst wird dies jedenfalls immer wieder bewusst, wenn ich mit Zeitzeugen aus der Vergangenheit spreche oder mit Menschen, die heute vor Diktatur und Verfolgung fliehen. Ich werde für einen Moment dankbar und demütig, weil mir all das ohne mein eigenes Zutun geschenkt wurde, wofür andere ihr Leben riskieren. Gleichzeitig wird mir in diesen Gesprächen auch immer klarer: Ein funktionierender Rechtsstaat ist keine Trophäe, die man einmal gewonnen hat und die für immer in der Glasvitrine aufgestellt wird, um dort nur bestaunt zu werden. Viele Überlebenden der Shoa mussten erfahren, wie nach und nach demokratische Strukturen zerbrachen, wie ihnen Bürgerrechte geraubt wurden, die sie für selbstverständlich hielten, und wie das Unfassbare geschah: die staatlich angeordnete Verfolgung und Ermordung von Menschen.

Die Geflüchteten unserer Tage können diesen Geschichten ihre eigenen hinzufügen. Sie wissen, wie es ist, in einer Diktatur zu leben. Sie wissen, wie es sich anfühlt, wie allmählich ein normales Leben mit all seinen Plänen und Wünschen zerbricht und der Krieg oder die Verfolgung nicht einmal mehr selbstverständlich erscheinen lassen, dass ich morgen noch am Leben bin. Sie wissen schließlich, dass es keine Selbstverständlichkeit ist, in einem Land zu leben, in dem mir die Meinungsfreiheit erlaubt, öffentlich und ohne Angst das zu sagen, was ich denke. Dass es für andere Menschen eher eine Selbstverständlichkeit ist, nicht über die eigene politische Meinung zu sprechen, schon gar nicht in der Öffentlichkeit. Einige sind schon etliche Jahre in Deutschland und sprechen immer noch automatisch leiser oder wechseln das Thema, wenn wir anfangen, uns über Politik zu unterhalten. Ich kenne inzwischen diesen kurzen Moment, in dem sich Unsicherheit im Gesicht meiner Gesprächspartner bemerkbar macht oder mit ängstlichem Blick die nähere Umgebung überprüft wird, bevor er seine Meinung sagt. Ich kenne auch diesen Augenblick, in dem wir in der Stadt an einem Kastenwagen mit getönten Scheiben vorbeilaufen und unser Gespräch plötzlich abbricht. Meistens folgt dann eine knappe, beinahe entschuldigende Erklärung: »Weißt du, diese Art von Auto bedeutet bei uns zu Hause nichts Gutes. Ich habe das immer noch so drin, dass ich mich dann in Sicherheit bringen muss. Aus solchen Autos springen bei uns die Leute vom Geheimdienst oder von der Regierungspolizei und verschleppen Menschen von der Straße in ihre Gefängnisse.«

Für mich sind diese Erlebnisse, die meinen Alltag mit all seinen Selbstverständlichkeiten unterbrechen, wie Momente des Aufwachens, in denen mir die Augen für etwas geöffnet werden, was ich bisher nicht so deutlich gesehen habe: Es ist ein unglaublich hohes

Gut, öffentlich sagen und schreiben zu dürfen, was ich denke, und dabei keine Angst haben zu müssen. Aber es ist nicht selbstverständlich, dass dies immer so bleibt. Die Zeitzeugen aus der Vergangenheit und die Menschen auf der Flucht in unserer Gegenwart wecken mich auf aus dem Schlaf der Gleichgültigkeit und der Selbstverständlichkeit. Ich bin dankbar für diesen Weckruf, der mich über sie erreicht.

Ich kenne allerdings auch die gegenteilige Reaktion. Bei manchen Menschen habe ich das Gefühl, sie werden es den Zeitzeugen nie verzeihen, dass sie uns aufwecken und uns immer wieder an die dunkle Vergangenheit erinnern. Und sie werden es den Menschen auf der Flucht nie verzeihen, ja sie reagieren sogar aggressiv darauf, dass sie uns aufwecken aus dem Schlaf und allein durch ihre Anwesenheit sichtbar machen, dass die Umstände, unter denen wir in einer Demokratie leben, alles andere als selbstverständlich sind.

Ich beginne immer mehr zu begreifen, warum in der jüdischen Tradition die Erinnerung so einen hohen Stellenwert hat. Viele Erfahrungen stehen hinter dieser Haltung, sodass die Erinnerung zu einem Identitätsmerkmal des jüdischen und damit auch des christlichen Glaubens geworden ist.

»Das Geheimnis der Erlösung heißt Erinnerung.« Dieser Satz stammt von Baal Schem Tov (1700 bis

1760), dem Gründer des Chassidismus, einer ostjüdischen Erweckungsbewegung. Er findet sich in der »Halle der Erinnerung« in Yad Vashem, Israels nationaler Gedenkstätte für die Opfer der Shoa. Die gesamte Bibel ist geprägt von der Überzeugung, dass in der Erinnerung die Kraft und der Auftrag stecken, die Gegenwart zu gestalten. Mich treibt dieser Gedanke an. Ich nehme für mich tatsächlich diesen Auftrag wahr, der sich mir in so vielen Begegnungen mit Zeitzeugen und mit Verfolgten und Geflüchteten unserer Tage tief eingeprägt hat, mich heute für den Erhalt unserer Demokratie einzusetzen.

Außerdem glaube ich, dass es letztlich der prophetische Auftrag der Kirchen ist, den wir aus der biblischen Tradition mit in unserem Gepäck tragen, wachsam die gesellschaftlichen Vorgänge zu beobachten und uns dann deutlich zu Wort zu melden, wenn die Würde von Menschen verletzt wird.

Schließlich motivieren mich junge Leute um mich herum durch ihr Engagement, mich an ihre Seite zu stellen. Sie erinnern mich manchmal an den jungen Samuel, von dem die Bibel eine der schönsten Berufungserzählungen überliefert (1 Samuel 3,1–21). Samuels Berufung zum Propheten beginnt mit der schlichten Feststellung: »In jenen Tagen waren Worte des Herrn selten; Visionen waren nicht häufig« (1 Samuel 3,1). Doch ich erlebe in meiner Arbeit mit jungen Menschen in der Hochschulgemeinde, aber auch bei Demonstrationen und Mahnwachen auf der Straße junge Menschen mit Visionen. Wie in der Samuelgeschichte scheinen mir die religiösen Institutionen hingegen die Zeichen der Zeit und die bedrohlichen Signale der Gegenwart noch allzu häufig zu verschlafen. Dem jungen Samuel raubt Gott in der Berufungserzählung den Schlaf. Immer, wenn er sich hinlegt, um einzudämmern, weckt er ihn auf. Ich habe so manche wache junge Menschen vor Augen, die längst wahrnehmen, dass es an der Zeit ist, in unserer Demokratie nicht einzuschlafen. Sie sind vielleicht eine Minderheit in ihrer Generation, aber sie sind die wachen jungen Prophetinnen und Propheten unserer Tage. Sie will ich bestärken, ihrer Vision von einer solidarischen Gesellschaft zu trauen. Auch ihnen bin ich es schuldig, selbst wach zu bleiben, den Mund aufzumachen und mich an ihre Seite zu stellen.

»Wer in der Demokratie schläft, wacht in der Diktatur auf«, soll Goethe gesagt haben. Es ist unbequem und anstrengend, vor allem aber wichtig, rechtzeitig aufzuwachen und andere aufzuwecken, bevor es zu spät ist.

Kapitel 2

»Ich bin nicht politisch«

Der Student, der sich bei mir zum Gespräch angemeldet hat, sitzt mir jetzt in meinem Büro gegenüber. Einen Rat wolle er von mir, hat er mir vorher gesagt. Ich kenne ihn bisher eigentlich nur von kurzen Gesprächen in der Hochschulgemeinde und weiß, dass er in einem der studentischen Asyl-Arbeitskreise mitarbeitet. Einleitend sucht er nach den richtigen Worten, um nicht missverstanden zu werden. »Ich bin nicht politisch und ich kann auch mit Parteien nichts anfangen.« Das klingt erstmal nach einer Mischung aus Rechtfertigung und Statement einer ganzen Generation, die enttäuscht ist von dem Erscheinungsbild unserer Demokratie.

Manchmal gewinne ich den Eindruck, diese Demokratie langweile viele der jungen Leute. Sie gehören zu einer Generation, die in ihrem bewussten Leben nichts anderes kennt als eine Regierung unter der Führung von Angela Merkel und die jetzt auch schon seit Jahren die sogenannte Große Koalition als einziges Regierungsmodell in Deutschland wahrnimmt. Politik begreifen sie als das Geschäft von Leuten, die sich in Parteien hochgedient haben und die ohnehin alle das Gleiche wollen: an die Macht kommen. Eigentlich unterscheiden sie sich in dieser Wahrnehmung kaum von den vielen, die Politik grundsätzlich für ein schmutziges Geschäft halten und die Ansicht vertreten, man solle lieber die Finger davonlassen.

Die politischen Parteien beklagen einen enormen Vertrauensverlust und leiden unter Mitgliederschwund. Manche der Politikverdrossenen vergeben – wenn sie überhaupt wählen gehen – inzwischen ihre Stimme an Parteien, die Politikverdrossenheit sozusagen zum Programm erhoben haben. Die Rede von den sogenannten Altparteien unterstellt, das bisherige System der Parteien habe ausgedient, sei verfilzt und von irgendwelchen Mächten im Hintergrund gesteuert.

Menschen, die sich politisch engagieren, leiden unter diesem grundsätzlichen Misstrauen gegenüber Parteien und Politikern. Sie investieren viel Zeit und Energie in ihr Engagement und ernten dafür in ihrer Umgebung eher Skepsis, werden belächelt oder müssen sich gar dafür verteidigen. Natürlich kenne auch ich Politikerinnen und Politiker, die alle negativen Klischees zu bestätigen scheinen. Sie sprechen mit einem, als sei jede Begegnung ein belangloser Steh-

»Ich bin nicht politisch«

empfang, auf dem man mit einigen Floskeln über die Runden kommt, ohne sich auf ein Gegenüber wirklich einzulassen. Ich kenne die Reaktionen, ja sogar den beinahe typischen Gesichtsausdruck junger Leute, die solche Politiker erleben und mir danach ihren Eindruck in den Worten zusammenfassen: »Na ja, was willst du anderes erwarten, ist halt ein Politiker.« Politik und Politiker sind für viele Synonyme geworden für Inhaltsleere.

Wer als junger Mensch wirklich etwas aus seinem Leben machen will, verfolgt zielstrebig sein Studium oder eine Ausbildung, sammelt Erfahrungen im Ausland und konzentriert sich auf die Schule oder auf den Beruf einerseits und auf ein intensives Privatleben andererseits. Das wird auch von außen so erwartet und darin entdecken viele den Sinn für ihr Leben. Politik hingegen macht in den Augen vieler einfach keinen Sinn. Von sich selbst zu sagen, man sei unpolitisch oder man interessiere sich nicht so für Politik, erscheint als Qualitätssiegel oder legt zumindest nahe: »Ich bin nicht so wie die, die Politik machen.« Darin liegt eine grundsätzliche Distanz bis hin zur offenen Ablehnung gegenüber Parteien.

Der Student, der mir gerade gegenübersitzt, könnte mit seinem Statement zu dieser Art von Politikverdrossenen gehören, die sich von all dem unabhängig halten wollen, was für sie nach politischer

Vereinnahmung aussieht. Aber das Etikett »politikverdrossen« würde ihm wahrscheinlich genauso wenig gerecht, wie eine pauschale Politikerschelte denen gerecht wird, die sich in Parteien engagieren. Es sitzt mir also ein konkreter Mensch gegenüber und bestätigt eigentlich nur wieder, was ich in Begegnungen immer erlebe: Es gibt nicht *den* Studierenden, der sich so einfach in irgendeine Gruppe oder in ein Schema einsortieren lässt. Genauso wenig gibt es *den* Politiker oder die typische Politikerin. Nach dem Eingangsstatement, das mich neugierig gemacht hat, erzählt mir der junge Mann, dass er sich seit Beginn seines Studiums im Asyl-Arbeitskreis in der Hochschulgemeinde engagiere und ihm das viel Spaß bereite. »Am Anfang wollte ich eigentlich einfach etwas Sinnvolles neben meinem Studium machen. Und ich wollte etwas Gutes tun.« Deshalb hat er angefangen, zusammen mit anderen Projekte mit geflüchteten Kindern zu organisieren und regelmäßige Spieletreffen in der Gemeinschaftsunterkunft für Asylbewerber am Rand der Stadt zu gestalten.

Eine tolle Arbeit, sagt er, die ihn und die anderen Studierenden in seinem Arbeitskreis ausfüllt. Es ist eines jener Projekte, das auch in der Öffentlichkeit hohes Ansehen genießt und gerne vor Weihnachten mit Spenden bedacht wird. Bei öffentlichen Veranstaltungen werden Initiativen mit geflüchteten Kindern gerne mal als Beispiel für »gute Taten« vorgezeigt und belobigt. Eine solche Veranstaltung steht jetzt bevor. Die jungen Leute sollen für ihr Engagement einen Preis erhalten. Bei der Preisvergabe werden viele Vertreter des öffentlichen Lebens anwesend sein, sagt mir der junge Mann. Auch Politikerinnen und Politiker seien dort, sogar ein Minister aus dem bayerischen Kabinett. Von den Preisträgern wird erwartet, dass sie eine kurze Dankesrede halten. Und genau darin liegt offensichtlich das Problem für den Studenten. »Ich will mich nicht einfach bedanken, sondern ich will auch erzählen, was wir da erleben, wenn wir mit den geflüchteten Kindern arbeiten. Aber dann sind vielleicht die Politiker beleidigt oder fühlen sich angegriffen, die bei der Preisverleihung dabei sind. Und ich will ja auch keine Politik machen.« Noch einmal distanziert er sich von der Möglichkeit, sein Einsatz könnte irgendwie politisch gedeutet werden. »Wie kann ich sagen, was mir wichtig ist, ohne Politik zu machen und ohne dabei jemanden vor den Kopf zu stoßen?«

Ich lasse seine Worte einen Moment nachklingen und antworte nicht gleich. Eigentlich erwartet er jetzt einen Rat von mir. Er schaut mich einen Augenblick in dieser Erwartung an. Nach einer kurzen Pause wendet sich sein Blick von mir ab. Er schaut jetzt sozusagen nach innen und er gibt sich selbst die

Antwort – immer noch in eine Frage gekleidet: »Das funktioniert nicht, oder? Es geht nicht, dass ich über unsere Arbeit spreche und über das, was wir dort wirklich erleben, und dabei unpolitisch bleibe?« Ich brauche eigentlich nur leicht mit dem Kopf zu nicken und dabei zusehen, wie ein junger Mensch für sich eine wichtige Entdeckung macht und ausspricht, was er eigentlich schon längst für sich erkannt hat. Jetzt aber wird es ihm bewusst und er traut sich, es auch nach außen hin zu vertreten, wenn auch noch etwas zaghaft: Es ist nicht möglich, einfach nur Gutes zu tun und sich dabei sozusagen nicht die Finger schmutzig zu machen. Eine schlichte Formel, die sich mir vor etlichen Jahren eingeprägt hat, bringt diese Erfahrung auf den Punkt: Man kann nicht Suppe an Arme ausschenken, ohne irgendwann die Frage zu stellen, warum die Armen eigentlich arm sind.

Jetzt bricht es plötzlich aus dem jungen Mann heraus. Er fängt an zu schildern, wie er die Kinder in der Gemeinschaftsunterkunft erlebt. Er ist wütend, weil eine Sammelunterkunft eigentlich kein Platz für Kinder ist. Die Bedingungen dort prägen das Verhalten der Kinder. Manche leben schon seit etlichen Jahren mit ihrer Familie dort. Einige sind in der Gemeinschaftsunterkunft zur Welt gekommen. Das alte Kasernengebäude außerhalb der Stadt mitten im Industriegebiet ist ihre Welt. Der Student erzählt mir von Kindern, die unter diesen Bedingungen Auffälligkeiten in ihrem Sozialverhalten entwickeln. Er erzählt auch von den Eltern der Kinder, die perspektivlos oder in der ständigen Angst, abgeschoben zu werden, in der Unterkunft ohne Lebensenergie und ohne Motivation von einem Tag auf den anderen leben. Schließlich berichtet er mir von den Schwierigkeiten mit Behörden und von den Grenzen, die ihrem studentischen Engagement in der Sammelunterkunft durch die zahlreichen Bestimmungen gesetzt sind. »Ich habe das Gefühl, die Menschen sollen gar nicht bei uns ankommen. Wer dafür verantwortlich ist, dass Kinder unter solchen Bedingungen leben, will nicht, dass sie in unsere Gesellschaft hineinwachsen. Das macht mich wütend. Und das will ich eigentlich bei der Preisverleihung sagen.« Spätestens jetzt ist ihm klar, dass es sie nicht gibt, diese reine Wohltätigkeit im politikfreien Raum. Nur Gutes zu tun, ohne politische Konsequenzen, ist unmöglich. Und selbst, wenn es jemand durchhält, Suppe an Arme auszuschenken und dabei nie die Frage nach den Gründen für die Armut zu stellen, ist dies eigentlich schon eine politische Haltung. Es bedeutet nämlich die grundsätzliche Zustimmung zu den Verhältnissen, wie sie sind. Wer nicht nach den Gründen für die Armut fragt, sondern sie nur lindert, bestätigt das bestehende System oder findet sich zumindest mit der vermeintlich unabänderlichen Tatsache ab, dass es nun mal Reiche und Arme gibt und dass dies so bleiben wird. Dieser Entschluss, nichts dagegen zu unternehmen, ist ein politischer.

Unser Gespräch dauert nicht besonders lange. Die Antwort auf seine Frage hatte der Student ja sozusagen verpackt schon dabei, als er mich um Rat fragt. Er braucht diese Antwort nur vor mir auszupacken und als Gewissheit mitzunehmen.

Nach der Preisverleihung treffe ich ihn wieder. Ich frage ihn, wie es an dem Abend gelaufen ist. Er erzählt mir, dass für die Dankesrede viel zu wenig Zeit blieb und er nicht alles sagen konnte, was er wollte. »Aber eigentlich war das dann auch gar nicht mehr so wichtig. Wichtig war für mich, dass ich meine Rede geschrieben hatte und dass mir dabei klar geworden ist: Ich kann und will ab jetzt nicht den Mund halten. Ich werde nicht einfach weiter zusehen. Es ist doch wichtig, dass wir uns einmischen, oder?« Und ein letztes Mal höre ich von ihm in diesem Zusammenhang einen fragenden Unterton. »Ja, es ist wichtig, dass du dich einmischst«, sage ich. Aber das weiß er ja längst.

Die Geschichte, die ich mit diesem einen Studenten erlebt habe, ist nur ein Beispiel für viele andere. Vor allem im Sommer 2015 und in den Monaten darauf habe ich etliche Menschen kennengelernt, die einen

»Ich bin nicht politisch«

ähnlichen Weg für sich gefunden haben. Die Bilder von den vielen Menschen, die auf der Flucht in München oder an anderen Bahnhöfen ankamen, haben sie berührt und sie dazu motiviert, sich ehrenamtlich zu engagieren. In Hallen und Zelten, die als erste provisorische Unterkunft dienten, bildeten sich große ehrenamtliche Helferkreise. Manche der Freiwilligen, die dort erste Deutschkurse und Freizeitangebote für Kinder organisierten, Tee ausgaben und Kuchen backten, wollten wie der junge Mann ursprünglich nur helfen – sonst nichts. Sie taten dies nicht, weil sie damit ein politisches Signal setzen wollten, sondern schlicht, weil es für sie »dran« war. Einige haben mir später erzählt, dass dies überhaupt ihr erstes ehrenamtliches Engagement gewesen sei. »Bis dahin habe ich mich nur um Beruf und Familie gekümmert«, bekam ich immer wieder zu hören. Und dann ging es auch bei ihnen los. Sie erlebten nach und nach, dass sie sich – ohne sich dafür entschieden zu haben – mit ihrem Engagement für Geflüchtete im politischen Feld bewegten. Am Anfang standen sehr konkrete Fragen nach dem Warum von behördlichen Vorgaben und Entscheidungen, die die Unterbringung, Verlegung oder Verpflegung von Geflüchteten betrafen. Dann wurden erste Freundschaften geknüpft. Ehrenamtliche machten sich mit einzelnen Geflüchteten vertraut, begleiteten sie bei Behördengängen und vertraten in Gesprächen mit Politikerinnen und Politikern deren Anliegen. Aus wohltätigen Freiwilligen wurden immer mehr Menschen, die Fragen stellten, Strukturen und dahinter politische Grundsatzentscheidungen kritisierten.

Es gab auch erste Enttäuschungen und nicht wenige Freiwillige warfen nach einigen Monaten das Handtuch. Nach der ersten Hilfsbereitschaft wurde das Thema Asyl zunehmend zum politischen Streitthema. Ehrenamtliche, die zunächst mit ihrem Engagement viel Anerkennung in ihrer Umgebung genossen und zu allen möglichen Empfängen eingeladen wurden, mussten sich immer häufiger im Bekanntenkreis rechtfertigen. So manche Politikerin und mancher Politiker wollten sich zwar weiterhin mit Ehrenamtlichen fotografieren lassen und diese loben, aber nicht über Asylpolitik mit ihnen reden. Nachdem sich die Stimmung spürbar gewandelt hatte und Rechtspopulisten in den Parteien immer mehr Zuspruch fanden, fühlten sich viele Ehrenamtliche alleingelassen. Mit der praktischen Arbeit in Deutschkursen, bei Behördengängen oder in der Wohnungssuche voll ausgelastet, fehlte ihnen die Zeit und Energie, ihre Erfahrungen in die politische Diskussion einzubringen. Viele verstummten in diesen Monaten resigniert. Diesem Verstummen stand das immer lauter werdende Auftreten der sogenannten neuen Rechten gegenüber. Sie ließen keine Gelegenheit aus, um gegen Geflüchtete, Muslime und deren Unterstützer zu Felde zu ziehen. Vor kurzer Zeit noch gelobt, sahen sich jetzt Ehrenamtliche immer mehr dem Vorwurf ausgesetzt, sie seien »naiv«, würden »Terroristen füttern« oder dazu beitragen, dass Deutschland »islamisiert« werde.

Menschen, die eigentlich nur anderen Menschen helfen wollten, erlebten auf einmal, dass ihr Tun zum Gegenstand der Politik wurde. Sie selbst hatten ihr Engagement wie der Student aus dem Asyl-Arbeitskreis nicht als politische Tat verstanden. Aber sie war es. Doch während viele politische Diskussionen sozusagen von oben nach unten verlaufen, also von einer politischen Idee oder Ideologie her auf die konkreten Verhältnisse angewandt werden, setzen die Ehrenamtlichen und Engagierten beim konkreten Menschen an. Da sie ihr Handeln jedoch häufig selbst nicht als politisch begreifen, bleibt der Weg nach oben in Richtung einer Idee oder politischen Vision viel zu oft aus.

Dabei wäre es so wichtig, dass wir jetzt den lauten Populisten, die ihre Ideologie von einem »Volk«, einem »Christlichen Abendland« verbreiten, eine Vision entgegensetzen, die vom einzelnen Menschen und vom Gedanken der Solidarität geprägt ist. Und dies muss deutlich geschehen, ja, auch laut vernehmbar. Der erste Schritt ist vielleicht überhaupt das Eingeständnis: Mein Tun ist politisch. Und Politik ist kein schmutziges Geschäft, das ich lieber anderen überlasse, sondern der Weg, auf dem meine konkreten Erfahrungen und mein Tun zusammen mit anderen, die ähnliche Erfahrungen machen und ähnlich handeln, zu einer gemeinsamen Vision für unser gesellschaftliches Zusammenleben werden können. Aus dieser gemeinsamen Vision wollen wir wiederum konkrete Konzepte entwickeln und sie anderen Menschen anbieten.

Als Christen müssen wir übrigens diese Vision nicht erst erfinden oder entwickeln. Gerade in der prophetischen Tradition der Bibel lässt sich für mich ablesen, wie der Weg der Politisierung verlaufen kann. Ich denke an Propheten wie Amos oder Hosea in der Hebräischen Bibel, dem Alten Testament. Sie sind als Propheten nicht daran interessiert, die Zukunft vorauszusagen. Immer noch wird prophetisches Auftreten in diesem Sinn missverstanden. Amos und Hosea, die im 8. Jahrhundert v. Chr. auftraten, waren wache Zeitgenossen, die Ungerechtigkeit und Ausbeutung der Armen zum Thema machten und zur Solidarität mit den Schwachen aufriefen. Sie deckten die Versäumnisse der privilegierten Oberschicht im Land auf und brandmarkten eine religiöse Praxis, die zum reinen Kult erstarrt war und sich nicht für das Leben der Menschen interessierte. Ihr wichtigstes Medium war die Sprache. Immer wieder drückten sie aber auch mit prophetischen Symbolhandlungen öffentlich aus, was sie als Botschaft vermitteln wollen.

In der Zeit, in der Amos und Hosea wirkten, befand sich Israel in einem wirtschaftlichen Aufschwung. Der Wohlstand verteilte sich jedoch zunehmend ungerecht. Das Land war geprägt von Korruption in Rechtsprechung und Verwaltung. Die Schere zwischen Arm und Reich ging immer weiter auf. Die wohlhabende Oberschicht baute sich Sommer- und Winterpaläste mit luxuriöser Ausstattung (Amos 3,15; 5,11). Bedürftige wurden nicht nur weiter ausgebeutet und mit zusätzlichen Steuern belegt, man schottet sich bewusst gegen sie ab und verwehrt ihnen den Zugang an den Stadttoren (Amos 5,12). Amos droht deshalb mit dem Gericht gegen die Herrschenden und Privilegierten: »Weil sie den Unschuldigen für Geld verkaufen und den Armen wegen eines Paars Sandalen, weil sie den Kopf des Geringen in den Staub treten und das Recht des Schwachen beugen ...« (Amos 2,6–7).

Gleichzeitig etablierte sich ein religiöses Leben, dem die Verhältnisse im Land vollkommen egal waren. Man verschloss die Augen vor Ungerechtigkeit und Ausbeutung und feierte weiterhin unbeschwert Gottesdienste. Der Prophet kritisierte scharf und im göttlichen Auftrag diese selbstzufriedene und nur mit dem Kult beschäftigte Art von Religion. Gott spricht durch ihn, wenn er lospoltert: »Ich hasse eure Feste, ich verabscheue sie und kann eure Feiern nicht riechen. Wenn ihr mir Brandopfer darbringt, ich habe keinen Gefallen an euren Gaben und eure fetten Heilsopfer will ich nicht sehen. Weg mit dem Lärm deiner Lieder. Dein Harfenspiel will ich nicht hören, sondern das Recht ströme wie Wasser, die Gerechtigkeit wie ein nie versiegender Bach« (Amos 5,21–24).

Ich werde nie vergessen, wie ich als Theologiestudent im Priesterseminar gemeinsam mit einem befreundeten Mitstudenten einen Gottesdienst vorzubereiten hatte. Während des Eingangsliedes haben wir das Orgelspiel unterbrochen und genau diese Verse von der Orgel aus in die Gottesdienstversammlung hineingerufen. Die Wirkung war selbst für uns in ihrer Wucht überraschend. Es gab einen mittleren Eklat, vor allem die traditionell geprägten und sehr auf den liturgisch korrekten Ablauf des Gottesdienstes bedachten Seminaristen warfen uns vor, wir würden den Kirchenraum entweihen und mit politischer Propaganda überziehen. Dabei hatten wir nichts anderes getan, als einen biblischen Text an ungewohnter Stelle im Gottesdienst zu Gehör zu bringen. Die »Frommen« aller Zeiten werden es den Propheten wahrscheinlich nie verzeihen, dass sie ihren liturgischen Dämmerschlaf stören und die Welt in den heiligen Raum hineintragen.

Der Prophet Hosea legte noch eins drauf. Er predigt nicht nur, sondern er setzt seine Gerichtsbotschaft in prophetischen Zeichenhandlungen sichtbar um. In einer aus heutiger Sicht sehr drastischen Weise demonstrierte er, dass Israel durch sein Verhalten die Beziehung zu Gott gebrochen hatte. Er nahm sich eine Dirne zur Frau und gab den Kindern, die aus dieser Ehe hervorgingen, aussagekräftige Namen wie Lo-Ruhamma (»Kein Erbarmen«) oder Lo-Ammi (»Nicht-mein-Volk«). Diese Symbolhandlung des Hosea steht in einer langen prophetischen Tradition.

Von Jesaja wird überliefert, er sei aus Protest drei Jahre nackt durch Jerusalem gelaufen (Jesaja 20,3). Femen-Aktivistinnen unserer Tage, die immer wieder nackt für mehr Frauenrechte oder gegen Unterdrückung der Meinungsfreiheit demonstrieren und durch Aufsehen erregende Aktionen für Schlagzeilen sorgen, greifen mit ihrer Art des Protestes – ob bewusst oder unbewusst – auf diese prophetische Tradition zurück. Auch der Prophet Micha zog nackt und klagend durch die Straßen Jerusalems und schockierte damit seine Zeitgenossen (Micha 1,8). Jeremia verlieh seiner Botschaft Dramatik, indem er symbolisch einen Krug zerschlug (Jeremia 19,1–13) und sich selbst ein Joch auf die Schultern band (Jeremia 27). Manchmal bewundere ich die alttestamentlichen Propheten für diese Deutlichkeit und für ihren Einfallsreichtum.

Heute würden wir solche Aktionen vielleicht als politische Demonstration bezeichnen. Für die Propheten in Israel gab es aber gerade keine Trennung von Religion und Politik. Ihre größte Kritik an der Religion bestand darin, dass sie einen Kult anprangerten, der sich verselbstständigt hatte, indem er sich entweder gleichgültig gegenüber gesellschaftlichen Verhältnissen in einer Sonderwelt immer weiter perfektionierte oder gar die Geschichte Jahwes mit Israel vergaß und sich anderen Göttern zuwandte.

Typisch ist dabei für Prophetinnen und Propheten der Bibel, dass sie sich selbst zunächst für zu schwach oder wenig begabt halten. »Ich bin nicht politisch« oder »Ich bleibe lieber bei meinem kleinen Engagement und überlasse die große Politik den anderen« wären auch damals typische Sätze gewesen, die am Anfang ihres Weges standen. Die Berufung zum Propheten bezeichnet in der Bibel im Grund den Moment, in dem ein Mensch aus seinem Glauben heraus die Gegenwart wach betrachtet, Position für einzelne – vor allem benachteiligte – Menschen bezieht und sich dafür entscheidet, dies auch öffentlich zu vertreten.

Es ist an der Zeit, dass wir jetzt wieder diese prophetische Tradition in den christlichen Kirchen aus der verstaubten Erinnerung in die Gegenwart holen. Es gibt so viele Menschen, die wach und sensibel in unserer Gegenwart leben. Sie haben eigentlich eine

Botschaft auszurichten, aber sie trauen sich nicht oder überlassen es lieber anderen. Es ist an der Zeit, eine deutliche Sprache zu finden und als Christen in der Gesellschaft zu bezeugen, dass die Religion nicht als Waffe taugt, um andere Menschen mit ihrer Religion auszugrenzen. Es ist an der Zeit, mit deutlichen Worten und Zeichen zu vertreten, dass sich die so häufig propagierte Prägung einer Gesellschaft nicht darin erschöpft, dass Kreuze in unseren Schulen oder Gerichten hängen. Ob wir wirklich ein christlich geprägtes Land sind, würde sich daran zeigen, dass die Solidarität mit den Schwachen als leitendes Prinzip im gesellschaftlichen Zusammenleben erkennbar ist und nicht an den Grenzen eines Nationalstaates aufhört.

In der Hochschulgemeinde erlebe ich engagierte Studierende, die aus meiner Sicht längst prophetisch handeln, ohne sich selbst dabei bewusst in dieser Tradition zu verstehen. Im Unterschied zu denen, die sich selbst vielleicht nicht als politisch, aber als christlich bezeichnen würden, beobachte ich bei dieser Gruppe genau das umgekehrte Phänomen: Sie sagen von sich, dass sie politisch aktiv sind, aber würden dieses Engagement selbst nicht im christlichen Kontext verstehen. Sie nehmen sehr wohl wahr, dass ihnen die Hochschulgemeinde den Raum bietet, ihr Engagement zu entfalten, hegen aber immer noch einen gewissen Vorbehalt gegenüber einer kirchlichen Einrichtung und sind irgendwie beinahe verwundert, dass wir sie am Ende nicht doch noch »missionieren« wollen. In meinen Augen leben sie ganz praktisch und konkret, was eigentlich auch der prophetische Auftrag der Kirche wäre. Sie nähen beispielsweise im Saal der Hochschulgemeinde tagelang große Betttücher zusammen und ich will eigentlich gar nicht so genau wissen, was damit geschieht. Ich vertraue den jungen Leuten. Und das schätzen sie. Wenige Tage später verlasse ich an einem Sonntag ein italienisches Restaurant in der Stadtmitte und auf einmal weiß ich, was da die ganze Woche über in unseren Räumen vorbereitet wurde. Mein Blick fällt auf die Festung, die sich über Würzburg erhebt. An der Festungsmauer - zur Stadt hin gewandt und von fast jedem Punkt aus sichtbar - lassen sich gerade professionell gesicherte Kletterer an Seilen herab und befestigen ein riesiges aus Betttüchern zusammengenähtes Transparent. Darauf ist in großen Buchstaben zu lesen: »No Racism!« Ich bin für einen Augenblick stolz auf diese jungen Leute, die sich selbst nicht als christlich bezeichnen würden. Für mich sind sie Prophetinnen und Propheten unserer Tage. Und ihre Botschaft ist eine christliche. Ich würde mir wünschen, die Kirchen würden diese jungen Leute als Träger der christlichen Botschaft entdecken und würdigen - auch wenn sie keinen Taufschein haben, in keinem Gottesdienst zu finden sind oder kein perfektes Bekenntnis aufsagen können.

Und umgekehrt wünsche ich mir, dass junge Menschen, die sich selbst als christlich, aber nicht als politisch begreifen, ihre Scheu ablegen und ebenfalls keinen Widerspruch darin sehen, christlich *und* politisch zu sein. Die Kirchen könnten diesen Widerspruch auflösen, indem sie ihren Weg in unserer Gegenwart bewusster in den Spuren der biblischen Propheten gehen würden.

Vielleicht habe ich damals, als mir der Student gegenübersaß, so etwas wie eine Prophetenberufung der Gegenwart erlebt? Zumindest hat er seine Sprachlosigkeit abgelegt und entdeckt, dass er eine Botschaft auszurichten hat, die öffentlich wirksam werden will. Und warum sollten wir nicht daran anknüpfen und danach suchen, uns heute als Christen und Menschen, die sich in der christlich-abendländischen Kultur stehend und ihr verpflichtet fühlen, in der Gesellschaft prophetisch und damit politisch einzumischen?

Kapitel 3

»Ich kenn euch doch, ihr Linken!«

Mein Geburtstag. Es ist ein sonniger Frühlingsmorgen. Er ist angefüllt mit vielen guten Wünschen, die mich zu Hause und im Büro erreichen. Die sozialen Netzwerke tun ihr Bestes, damit ich schon beim Aufwachen viele Botschaften mit guten Worten lesen kann. Manche meiner Freunde rufen bei mir an und singen - ohne sich namentlich zu melden - ihre Glückwünsche ins Telefon. Gegen Mittag läutet das Telefon auf meinem Schreibtisch. Ich bin eingestellt auf die nächsten Glückwünsche. Und wieder ist am anderen Ende der Leitung kein Name zu hören, sondern nur ein Schnaufen. Ich lehne mich innerlich zurück und warte auf die ersten Töne eines Geburtstagsständchens. »Sie sind eine Schande für Deutschland!«, tönt mir stattdessen eine wütende Männerstimme markig entgegen. Damit ist das Gespräch fast schon beendet. Weil ich den ganzen Vormittag über nichts anderes am Telefon gehört habe als gute Wünsche, für die ich mich bedankt habe, sage ich, von dieser ganz anderen Botschaft überrumpelt, in freundlich-beglücktem Tonfall automatisch: »Danke!« Das überfordert wiederum offensichtlich meinen Gesprächspartner. Er legt auf.

Was sich da ausgerechnet – aber vielleicht nicht zufällig? – an meinem Geburtstag kurz vor zwölf Uhr innerhalb weniger Sekunden ereignet, ist für mich beinahe ein Bild für mein augenblickliches Leben. Der Kontrast könnte an manchen Tagen nicht größer sein. Ich lebe einerseits meinen Alltag mit den üblichen Höhen und Tiefen. Dieser ist eingebettet in Gespräche, Diskussionen, auch Konflikte, die bestimmt werden durch einen entweder wohlwollenden oder zumindest zivilisiert-respektvollen Stil und moderate Töne. Und dann überfallen mich auf einmal lärmende Beschimpfungen, in denen ich oder andere als »Volksfeind« tituliert werde, mir jemand in einer E-Mail androht, ich würde als »linksgrünversiffter Gutmensch« irgendwann entweder an einem Baukran aufgehängt oder mir würde von einem meiner »Muselmanenfreunde« die Kehle durchgeschnitten.

Ich will mich nicht daran gewöhnen – an den Tonfall nicht und auch nicht an die Wortwahl. Dass mir solche Beschimpfungen vor allem von denen entgegentönen, die immer wieder darüber klagen, dass man sich ja gar nichts mehr in Deutschland zu sagen traue und »political correctness« das Land in eine Meinungsdiktatur verwandelt habe, entbehrt jeder Logik. Dieser brutalisierte und respektlose Stil bricht manchmal dermaßen unverblümt in meinen Alltag ein, dass es mir fast irreal scheint. Ein Anrufer, der mich als »Schande für Deutschland« oder als »Volksverräter« beschimpft, kommt mir beinahe vor wie eine Figur, die aus einem Dokumentarfilm über den Nationalsozialismus entsprungen ist.

In meiner Kindheit gab es eine Serie, die ich regelmäßig im Fernsehen angeschaut habe. In »Lemmi und die Schmöker« wurden in einer Geschichte, in der ein Bibliothekar und ein Bücherwurm eine große Rolle spielten, neue Bücher vorgestellt. Das Besondere war, dass Romanfiguren manchmal aus dem Buchdeckel ausstiegen, vor den Augen von Lemmi und dem Bibliothekar kleine Szenen aus dem Buch wie auf einer Theaterbühne spielten oder mit ihnen zu sprechen begannen. Manchmal stelle ich mir vor, alle diese Anrufer, Leserbrief- oder E-Mail-Schreiber seien nur solche irrealen Figuren, die für kurze Zeit aus einem schlechten Buch aus düsteren Tagen entflohen sind, um mit uns zu streiten, aber eines Tages wieder zwischen Buchdeckeln verschwinden und im Regal verräumt werden. Doch so ist es leider nicht. Was viele meiner Bekannten und Freunde und manchmal mich selbst wie ein böser Traum überfällt, ist real. Die Menschen sind Wirklichkeit und ihre hasserfüllten Worte sind es auch.

Derbe politische Auseinandersetzungen gab es früher auch, aber sie waren sozusagen in Beziehungen eingebettet: Streitpartner standen sich direkt gegenüber. Sie sahen sich in die Augen, erlebten, wie ihre Worte auf andere Menschen wirkten. Heute erreichen mich nach einer öffentlichen Äußerung zahllose E-Mails, Facebook-Kommentare und persönliche Beschimpfungen, die sich auf unterschiedlichen Plattformen als Beiträge unter Online-Artikeln finden. Manchmal reicht schon ein Foto der Kanzlerin mit einem Geflüchteten oder von Claudia Roth mit Kopftuch, um auf allen Kanälen übelste verbale Gewaltfantasien loszutreten. Ohne mit dem Kontrahenten Auge in Auge in Kontakt zu kommen, finden Menschen mit verbalen Entgleisungen ein riesiges Publikum. Die Auseinandersetzungen sind auf eine besondere Weise beziehungslos geworden und damit auch anfällig dafür, Tabus und Anstand zu vergessen.

Vor allem aber erlebe ich, wie viele Äußerungen darauf angelegt sind, andersdenkende Menschen nicht mehr als Gegenüber wahrzunehmen und im Streit über Inhalte zu überzeugen, sondern als Feinde persönlich, manchmal sehr privat in ihrer Würde zu verletzen.

Der Hirnforscher Gerald Hüther hat sich mir mit einer Frage eingeprägt: »Verletzt nicht jeder, der die Würde eines anderen Menschen verletzt, in Wirklichkeit seine eigene Würde?« (Gerald Hüther, Würde. Was uns stark macht – als Einzelne und als Gesellschaft, München 2018, S. 5). Dass sich ein Neurobiologe mit Würde beschäftigt, beweist an sich schon: Ganz gleich, ob man sich über den Weg der Neurobiologie, der Psychologie oder der Theologie oder auch der Geschichtswissenschaften dem Menschen nähert, stellt man fest: Entscheidend für das Leben jedes Einzelnen, aber auch für das Zusammenleben in einer Gesellschaft ist, ob Menschen in ihrer Würde geachtet werden. Unabhängig von ihrer politischen Einstellung, ihrer Herkunft oder ihrem Geschlecht. Unabhängig auch davon, ob sie gesund oder krank sind, ob sie erfolgreich sind oder sich schwertun im Leben. Dabei spielt die Sprache eine wichtige Rolle. Sie ist ein Spiegelbild des Denkens und auch gesellschaftlicher Entwicklungen. Gleichzeitig prägt die Sprache die Art, wie wir in der Gesellschaft miteinander umgehen.

Mein Eindruck ist, dass sich über den zunehmenden Rechtspopulismus die Sprache in der politischen Auseinandersetzung geändert hat. Sie ist respektloser geworden. Und sie ist immer mehr durchsetzt von Wendungen, die Menschen in ihrer Würde angreifen. Seit den PEGIDA-Aufmärschen prägen Rufe wie

»Merkel muss weg« oder Begriffe wie »Volksfeind« und »Volksverräter« wieder den Umgang mit politisch Andersdenkenden.

Regelmäßig erhalte ich Zuschriften mit der Anrede: »Du linksgrünversiffter Pfaffe«. Es gibt inzwischen ein paar Dutzend Begriffe, die zuverlässig in solchen Schreiben auftauchen, als gehörten sie zum »Pflichtprogramm«, das absolviert werden muss, wenn man politische Gegner und Andersdenkende auch wirklich treffen und verletzen will. Manche dieser Begriffe scheinen mir, als seien sie wie düstere Gespenster aus der deutschen Vergangenheit wieder zum Leben erweckt worden, um in unserer Zeit erneut Unheil anzurichten: Im Bundestag durchbricht die AfD regelmäßig und nach Plan bisher geltende Regeln des Anstands. Tabugrenzen werden gezielt von AfD-Abgeordneten durchbrochen. Alice Weidel hetzte in der Aussprache zum Etat der Kanzlerin: »Burkas, Kopftuchmädchen und alimentierte Messermänner und sonstige Taugenichtse werden unseren Wohlstand, das Wirtschaftswachstum und vor allem den Sozialstaat nicht sichern.« Sie kassierte hierfür eine Rüge des Bundestagspräsidenten und sah darin eine Einschränkung der Meinungsfreiheit. Auf Schulhöfen ist »Jude« wieder zum Schimpfwort geworden, und wenn man jemanden besonders tief beleidigen will, wird er als »schwul« oder »behindert« beschimpft. Auf der anderen Seite holt man auch schnell den Begriff »Nazi« oder »Rassist« aus dem sprachlichen Waffenarsenal hervor, um Menschen abzustempeln.

Bei einem spontanen Protest junger Leute gegen einen Aufmarsch von bekannten Neonazis stehe ich einem Beamten der Bereitschaftspolizei gegenüber. Einige junge Leute sind zur Feststellung ihrer Personalien von Einsatzkräften in einer Ecke zusammengedrängt worden. Ich bin vor Ort, um mit anderen Mitgliedern des »Würzburger Bündnisses für Zivilcourage« die Situation zu beobachten und auch gegebenenfalls zwischen jungen Leuten und Polizei vermittelnd einzugreifen. Der Beamte, der jetzt vor mir steht, fragt mich, was ich hier wolle. Ich nenne ihm meinen Namen und den Grund meiner Anwesenheit: »Ich will beobachten, wie sie mit den jungen Leuten umgehen. Mein Eindruck ist, dass sie unverhältnismäßig hart vorgehen.« Darauf entgegnet mir der Beamte in einem beinahe ruhigen Tonfall: »Ich kenn euch doch, ihr Linken.« Damit scheint alles gesagt und das Gespräch ist von seiner Seite aus beendet.

Als ich einige Zeit später vor Gericht geladen bin, um in den Verfahren gegen einige der jungen Demonstrierenden als Zeuge auszusagen, fordert mich der Richter auf, die gesamte Situation jenes Tages erneut zu schildern. Der Zuhörerraum ist gut gefüllt.

Die Öffentlichkeit interessiert sich für den Verlauf des Verfahrens, in dem gegen die jungen Leute Vorwürfe wie Hausfriedensbruch, Widerstand gegen die Staatsgewalt und Landfriedensbruch im Raum stehen. Schritt für Schritt schildere ich dem Richter, was sich nach meiner Erinnerung genau an diesem Tag zugetragen hat. Dabei erwähne ich auch mein kurzes Gespräch mit dem Beamten der Bereitschaftspolizei. Als ich den Satz zitiere: »Ich kenn euch doch, ihr Linken«, erfüllt eine Mischung aus Raunen und Gelächter den Zuschauerraum. Zuvor hatte ich mich - wie üblich - mit meinem Beruf und weiteren Angaben zur Person vorgestellt. Es scheint fast so, als würde in diesem Augenblick vor Gericht die Ausweglosigkeit sichtbar, in die sich unsere Kommunikation momentan verrannt hat: Hier sitzt ein katholischer Priester als Zeuge vor Gericht, der davon erzählt, dass er kurzerhand zum »Linken« etikettiert wurde. Ein harmloses Beispiel für eine Entwicklung, die in der Wissenschaft als »Othering« bezeichnet wird. Gemeint ist damit der Versuch, sich selbst und seine eigene Identität dadurch hervorzuheben, dass man andere als »fremd« oder andersartig einordnet. Sprachlich und im Verhalten findet also eine ständige Distanzierung und Unterscheidung von »den anderen« statt.

Es ist an der Zeit, dieser Sprache laut, im Sinne von deutlich, entgegenzutreten und sie zu enttarnen. Es ist an der Zeit, auch im Reden wieder daran zu erinnern, dass die Würde jedes Menschen zu achten ist. Wie aber kann das gehen, ohne selbst beleidigend zu werden und sich am »Othering« zu beteiligen? Wie lässt sich laut im Sinne von deutlich sprechen und handeln, ohne Gräben zu vertiefen und die Gesellschaft weiter zu spalten?

Ich glaube, dass auch hier die christliche Botschaft Möglichkeiten bietet, um Verhärtungen und gegenseitige Zuschreibungen zu unterbrechen. Oberstes Prinzip ist dabei die Gewaltfreiheit. Sie bezieht sich nicht nur auf das Handeln, sondern eben auch auf die Sprache. Und sie setzt etwas voraus, was in der Bibel »Feindesliebe« genannt wird. Für manche Ohren verbindet sich damit immer noch ein Anspruch, der weltfremd und überfordernd erscheint. Gemeint ist aber zunächst einfach, dass die Unterscheidung zwischen mir und dem anderen ständig infrage gestellt oder unterbrochen wird. An Jesus von Nazaret lässt sich im Grunde ablesen, wie dem »Othering« zu begegnen ist: Er relativierte in seinem Auftreten und in seiner Predigt eigentlich ständig die Einteilungen und Zuschreibungen seiner Zeit, die Unterscheidungen in »gesund« und »krank«, »fromm« und »sündig«, »dazugehörig« und »ausgestoßen« wurden von ihm über den Haufen geworfen.

Die ersten Christen haben das in der historischen Erinnerung an das Auftreten Jesu gleichsam zum Programm erhoben. Paulus stellt in Galater 3,28 im Blick auf die Gemeinde der Getauften fest: »Es gibt nicht mehr Juden und Griechen, nicht Sklaven und Freie, nicht männlich und weiblich; denn ihr alle seid einer in Christus Jesus.« Mich hat dieser sogenannte »Gleichheitssatz« schon immer fasziniert. Man kann ihn auch als alternative Gesellschaftsordnung lesen, die unter dem Anspruch steht, das unaufhörliche »Othering« ganz grundsätzlich zu unterbrechen. Ich glaube sogar, dass man diesen Satz auch ohne den Bezug auf die Taufe und ohne das christliche Bekenntnis zu Christus als Prinzip auf die Gesellschaft übertragen könnte. Der Anspruch, dass wir eine Gemeinschaft von Gleichgestellten sind, die alle die gleiche Würde haben, würde sich automatisch auf den Umgang miteinander und auf die Sprache auswirken.

Augenblicklich verstärken viele Kräfte im politischen Geschehen noch das »Othering«. Es ist an der Zeit, Gleichheitssätze für unsere Gegenwart zu formulieren, die so etwas sein könnten wie eine Richtgröße für einen neuen Gemeinsinn. Dazu zählt für mich, dass wir als Christen grundsätzlich und konsequent die augenblickliche Logik infrage stellen, nach der die Bedürfnisse der Menschen mit einem deutschen Pass einen höheren Stellenwert haben als das Schutzbedürfnis von Geflüchteten. »Es gibt nicht mehr Inländer und Ausländer« wäre das Vorzeichen, unter dem

jeder Mensch das Recht auf die gleiche staatliche Fürsorge hat, ganz gleich, wo er geboren ist.

»Es gibt nicht mehr Boni-Empfänger und Hartz-
IV-Bezieher« wäre der Anspruch, unter dem die
durch nichts zu rechtfertigende Kluft zwischen Ma-
nagergehältern und der sozialen Grundsicherung zu
überwinden ist. Gerecht wäre unsere Gesellschaft,
wenn sie auf einer Ordnung gründen würde, die alle
Menschen bejahen könnte, ohne zu wissen, welcher
soziale Status ihnen in dieser Gesellschaft zugewiesen wird. Es wäre eine Gesellschaftsordnung, in der
jemand, der jetzt als Top-Manager ein Spitzengehalt
erhält, grundsätzlich bejaht, auch die niedrigste Position einzunehmen, weil er weiß, dass man in der
neuen Gesellschaft auch in dieser Position gut leben
kann. Entdeckt man in dieser neuen Ordnung immer noch eine Rolle, die erstrebenswert ist, weil sie
ein besseres Leben verspricht, gilt es, diese Rolle ab-
zuschaffen. Das wäre eine echte Alternativbotschaft
nach dem Vorbild des paulinischen Gleicheitssatzes.
Eine Alternative zu den Botschaften der vergangenen
Jahrzehnte, in denen nahezu alle politischen Parteien
von der Logik des Marktes gelenkt waren und in Kauf
genommen oder sogar aktiv dafür gesorgt haben,
dass Spitzenverdiener maßlos immer mehr verdienen
können, während Teile der Gesellschaft, unter ihnen
Menschen in pflegenden Berufen, immer mehr leisten

müssen, eine hohe Verantwortung tragen und gleichzeitig maßlos unterbezahlt werden. Es wurde hingenommen, dass immer mehr Menschen in diesem reichen Land der Spitzenverdiener verarmen, unter ihnen vor allem auch alte Menschen und Kinder.

Um schließlich den alten Gleichheitssatz zu den Geschlechterrollen (»Es gibt nicht mehr männlich noch weiblich«) glaubwürdig in der Politik und in der Wirtschaft einfordern zu können, müssten die Kirchen (vor allem die katholische) freilich zuerst in allen ihren Handlungsfeldern die anhaltende Diskriminierung von Frauen beenden. Dass das biologische Geschlecht und längst überkommene Rollenmuster immer noch verhindern, dass Frauen gleiche Mitwirkungsrechte und den uneingeschränkten Zugang zu kirchlichen Ämtern erhalten, ist längst nicht mehr nachvollziehbar. Galater 3,28 hat auch in dieser Hinsicht nichts an Brisanz und Aktualität verloren.

Der Anspruch, der unter diesem Vorzeichen formuliert wird, ist hoch, aber er ist notwendig, um eine Logik zu unterbrechen, die augenblicklich die Gesellschaft immer weiter spaltet und Unterschiede zwischen Menschen konstruiert, anstatt sie zu einen.

Auf die Frage, ob es so etwas gebe wie eine Kurzdefinition für das, was Religion ist, antwortete der Theologe Johann Baptist Metz: »Religion ist Unterbrechung.« Bei Religion denken viele immer noch an gute alte Tradition, an das ewig Gleiche. Mit diesem gängigen Klischee bricht Metz, wenn er sagt, dass Religion eben gerade nicht nur die Bestätigung, sondern die Unterbrechung des Gewohnten sei. Er meinte damit verschiedene Dimensionen: Religion als Unterbrechung des Alltags, der sichtbaren Wirklichkeit, aber sicher auch noch in anderer Hinsicht eine Unterbrechung: der Vorurteile beispielsweise, der Gewalt, des »Othering«. Mich spricht diese Definition an. Ich erkenne darin etwas wie die Rolle, die für mich die christliche Botschaft in der Politik spielen kann. Es ist im Grunde eine alte prophetische Rolle: Die Christen könnten die Stimme sein, die das Lärmen der Populisten unterbricht und etwas in der Gesellschaft zur Sprache bringt, was nicht mehr gesagt und gedacht wird. Wenn von Menschen nur noch in Kategorien von Status, Profit und wirtschaftlichem Nutzen die Rede ist, müssen wir anfangen, von Würde zu sprechen. Wenn von der Priorität deutscher Interessen die Rede ist, müssen wir vermehrt über Solidarität reden, die keine nationalen Grenzen kennt. Wenn von Obergrenzen für Flüchtlinge die Rede ist, müssen wir die Untergrenze für Humanität zum Thema machen.

Es wäre schon ein Gewinn, wenn wir auf diese Weise für Unterbrechungen gewohnter Denkmuster sorgen würden. So wie der Gleichheitssatz zur Zeit des Paulus bis dahin nicht hinterfragbare gesellschaftliche Einteilungen unterbrach, braucht es heute Aktionen, Botschaften und auch eine Sprache, die die fortschreitende Spaltung der Gesellschaft unterbrechen. Die Formulierung aus Galater 3,28 kann sogar eine unmittelbare Hilfestellung sein, um das »Othering« zu unterbrechen: »Es gibt nicht mehr Linke und Rechte, es gibt nicht mehr Inländer und Ausländer ...« Warum nicht damit anfangen?

Es ist auch hier an der Zeit, dass Christen in den Kirchen die Botschaft Jesu eben nicht mehr als »konservativ« verstehen, wie es über lange Phasen der jüngeren Kirchengeschichte leider der Fall war, sondern an Zeiten anknüpfen, in denen das Christentum für Erneuerung stand. In den ersten Jahrzehnten der christlichen Kirche mutete Paulus den Christen zu, ganz bewusst in ihren Reihen ein neues Gesellschaftsmodell zu leben – Galater 3,28 ist hierfür der Ausdruck. Eine Zumutung für die Etablierten der damaligen Zeit, die wollten, dass alles so bleibt, wie es ist. Später sorgte Franz von Assisi mit seinem Auftreten und dem radikalen Bekenntnis zu einem Christus, der auf der Seite der Armen steht, für eine regelrechte Unterbrechung und damit »Bekehrung« der Kirche, die im Reichtum versunken war.

Heute sind es zum Beispiel Ordensgemeinschaften, unter ihnen besonders viele couragierte Frauenorden, die für Unterbrechungen sorgen: durch Kirchenasyle, die sie Geflüchteten gewähren, unterbrechen sie staatliches Handeln. Diese Unterbrechung sorgt für die Möglichkeit, dass Humanität und der Schutz für einen konkreten Menschen Vorrang bekommen vor dem unmenschlichen Funktionieren nach den Buchstaben des Gesetzes. Die Würde des Menschen steht über einem Gesetz, das diese Würde nicht ausreichend schützt oder sie sogar verletzt. Das ist die starke Botschaft der Kirchenasyle, die weit über die kirchlichen Grenzen hinaus auch bei nichtkirchlichen Menschenrechtlern hohe Anerkennung genießen. Und gleichzeitig ist es doch nichts anderes als die Ausformulierung von Artikel 1 des Grundgesetzes.

Wenn Kirchen und ihre Vertreter für sich diese Aufgabe der Unterbrechung und der Erneuerung ernst nehmen, ruft das manchmal überraschende Reaktionen hervor. Ich bin in den letzten Jahren Menschen begegnet, die mir gesagt haben, dass sie wegen meines Engagements wieder eine neue Zugehörigkeit zur Kirche für sich entdeckt haben. Deshalb gehen sie nicht unbedingt in den Gottesdienst und behalten auch sonst in mancher Hinsicht ihre kritische Distanz zu den Kirchen. Aber sie entdecken christliche Werte für sich neu, an denen es sich zu orientieren lohnt. Und sie entdecken in den Kirchen neue Partner im Eintreten für die Menschenwürde. Zunächst waren mir solche Rückmeldungen auf mein Engagement eher etwas peinlich. Heute sehe ich darin nicht nur ein nettes Kompliment, das mich für einen Augenblick erröten lässt, sondern eine Aufgabe. Vielleicht ist es an der Zeit, dass wir die Formen, nach denen wir die Zugehörigkeit zu den Kirchen herkömmlich definieren, neu überdenken. Es gibt in einer Gesellschaft, in der die Menge der Menschen ohne religiöses Bekenntnis immer größer wird, eine Vielzahl von Menschen, die christliche Werte ausdrücklich teilen, ohne getauft zu sein – gerade wenn es um das Engagement für Benachteiligte, um die Bewahrung der Schöpfung und um das Eintreten für eine Solidarität geht, die nicht an den Grenzen eines Nationalstaates Halt macht. Es ist an der Zeit, dass die Kirchen selbst anfangen, anders über Menschen zu reden, die bisher »drinnen« oder »draußen« waren und damit ein Beispiel geben für neues Denken, Reden und Handeln.

Kapitel 4

Ist Jesus ein Linker?

Jetzt geht es wirklich ans Eingemachte. Ich bin schockiert, als ich auf Twitter am Abend ein Foto des Bayerischen Ministerpräsidenten entdecke. Darauf ist Markus Söder im Eingangsbereich der Staatskanzlei zu sehen. In beinahe mystisches Licht getaucht, befestigt er ein Kreuz an der Wand. Das Kreuz erinnert mich ein bisschen an ein zu groß geratenes Geschenk, wie es manche Kinder zur Erstkommunion von ihrer Gemeinde erhalten. Kein leidender Christus, sondern eine Reihe von nicht näher erkennbaren Bildchen verzieren die Kreuzesbalken. Der Gesichtsausdruck und die Körperhaltung des Ministerpräsidenten wirken auf mich in diesem Augenblick wie eine Mischung aus Trotz und Triumph. Im Tweettext verkündet der Ministerpräsident: »Klares Bekenntnis zu unserer bayerischen Identität und christlichen Werten. Haben heute im Kabinett beschlossen, dass in jeder staatlichen Behörde ab dem 1. Juni ein Kreuz hängen soll.

Habe direkt nach der Sitzung ein Kreuz im Eingangsbereich der Staatskanzlei aufgehängt.«

Die Aufhängung des Kreuzes angeordnet durch
einen Kabinettsbeschluss! Und das Kreuz ein Symbol
für bayerische Identität? Ich dachte immer, es sei das
Symbol für den christlichen Glauben. Gerne wüss-
te ich in diesem Moment, was der Ministerpräsident
unter den christlichen Werten versteht, zu denen sich
nach dem Beschluss des Kabinetts ab Juni 2018 alle
staatlichen Behörden bekennen sollen. In einer Stellungnahme, die diese öffentlichkeitswirksame Aktion
begleitet, liefert Markus Söder noch weitere Begrün-
dungen. Das Kreuz sei nach seinem Verständnis nicht
das Symbol einer Religion, sondern ein »sichtbares
Bekenntnis zu den Grundwerten der Rechts- und
Gesellschaftsordnung Bayerns«. Später relativiert
er diese Ansage und räumt ein, das Kreuz sei zwar
in erster Linie ein religiöses Symbol, gehöre »aber
auch zu den Grundfesten des Staates«. Ich weiß nicht
so recht, ob diese Ergänzung meine Erschütterung
nicht eher verstärkt. Diese Deutung des Kreuzes als
Staatssymbol fordert mich zum Widerspruch heraus.
Ich spüre: Hier geht es um die Substanz des Christlichen. Du kannst jetzt nicht einfach leise bleiben und
zuschauen. Ich setze mich noch am gleichen Abend
an meinen Schreibtisch und formuliere einen offenen
Brief an den Ministerpräsidenten:

Sehr geehrter Herr Ministerpräsident,

in der heutigen Kabinettssitzung wurde beschlossen, dass ab 1. Juni in jeder staatlichen Behörde in Bayern ein Kreuz hängen soll. Sie sehen darin ein »klares Bekenntnis zu unserer bayerischen Identität und christlichen Werten«. Im Anschluss an die Sitzung haben Sie sich beim Aufhängen eines Kreuzes im Eingangsbereich der Staatskanzlei fotografieren lassen.

Ich habe in den vergangenen Wochen immer wieder mit Christinnen und Christen gesprochen – darunter waren junge Menschen in der Katholischen Hochschulgemeinde, aber auch zahlreiche Priester, Ordensleute und evangelische Pfarrerinnen und Pfarrer. Viele empfinden es zunehmend als eine Provokation und als Heuchelei, wie Sie über das Christentum öffentlich reden. In unserer Wahrnehmung wird das Christentum von Ihnen dazu missbraucht, um die Ausgrenzung von Menschen anderen Glaubens zu betreiben. Über diese Entwicklung bin ich gemeinsam mit vielen anderen sehr besorgt.

Das Kreuz taugt jedoch nicht als verlängerter Arm einer Politik der Ausgrenzung oder des nationalistischen Egoismus. Das Kreuz lässt sich auch nicht auf bayerische Folklore reduzieren. Das Kreuz ist nicht nur Etikett oder Ausweis einer bestimmten Identität, sondern Erinnerung an den Lebensweg

Jesu, dessen grenzenlose Liebe und dessen besondere Parteinahme für Ausgegrenzte ihn letztlich ans Kreuz brachten. Es ist zugleich Verpflichtung, diesen Weg Jesu heute weiterzugehen.

Ich bitte Sie eindringlich: Beenden Sie den Missbrauch des Christlichen und seiner Symbole als vermeintliches Bollwerk gegen den Islam. Stärken Sie als Ministerpräsident das Verbindende zwischen allen Menschen, die hier leben! Handeln Sie in diesem Sinne wirklich christlich! Demonstrieren Sie nicht Christlichkeit, sondern praktizieren Sie diese!

Ein erster Schritt könnte sein, dass Sie die Abschiebungen von Geflüchteten nach Afghanistan aussetzen. Diese sind zutiefst inhuman und unchristlich, denn sie setzen Menschen lebensbedrohlichen Gefahren aus.

Ich wiederhole an dieser Stelle, was ich bereits im Herbst 2017 - in Anlehnung an eine Äußerung von Kardinal Marx - zugespitzt so formuliert habe: Ich pfeife auf ein >christliches Abendland< mit Schulkreuzen an der Wand, Burkaverbot, mit all seinen christlichen Feiertagen und seiner behaupteten >Leitkultur<, das Menschen bewusst in Lebensgefahr abschiebt oder zu Tausenden im Mittelmeer ertrinken lässt. Die Kreuze in den Gerichtssälen und Schulen würden von den Wänden fallen, wenn sie es könnten!

Treten Sie in einen offenen Dialog darüber ein, wo-
rin denn die christlichen Werte bestehen, von de-
nen Sie heute gesprochen haben, anstatt einseitig
als Ministerpräsident das Christliche zu definieren!
Kommen Sie mit in Bayern lebenden Muslimen ins
Gespräch – mit dem Ziel, für die demokratische Ge-
sellschaft, in der wir leben, zu werben, anstatt sie
ihnen mit Drohgebärden entgegenzuhalten.
Mit freundlichen Grüßen
Burkhard Hose
Hochschulpfarrer
(veröffentlicht am 24.04.18)

Die Tage, die auf diesen offenen Brief folgen, sind wie
ein Karussell. Fernsehteams stehen angemeldet und
unangemeldet vor der Tür, Radiosender melden sich
und die Reaktion der CSU lässt nicht lange auf sich
warten. Zwölf unterfränkische CSU-Abgeordnete –
unter ihnen die Landtagspräsidentin und der bayerische Justizminister – greifen mich in einer Pressemitteilung scharf und auch persönlich an. Sie empfinden
meinen Brief als diffamierend und unterstellen, er
diene nur der »Darstellung der eigenen, politisch-
ideologischen Vorstellungen«. Ihre Stellungnahme
enthält unter anderem die Bemerkung: »Dass am Ge-
bäude der katholischen Hochschulgemeinde in Würzburg selbst kein einziges sichtbares Kreuz von außen

zu erkennen ist, unterstreicht die widersprüchlichen Aussagen des katholischen Geistlichen.« Eine Hochschulgemeinde ohne Kreuz an der Fassade erscheint in dieser Logik tatsächlich kein christlicher Ort zu sein, sondern eher so etwas wie das Zentrum einer politischen Bewegung. Mir fällt spontan dazu nur der Begriff »Fassadenchristentum« ein. In einer Sendung des Deutschlandradio diskutiere ich wenige Tage später mit dem früheren CSU-Vorsitzenden Erwin Huber und Linda Teuteberg, der migrationspolitischen Sprecherin der FDP im Bundestag.

Huber spricht in meiner Wahrnehmung aus der Position der Macht, der ein kleiner Studentenpfarrer »ans Bein gepinkelt« hat. Immer, wenn sich der frühere CSU-Chef in der kontroversen Diskussion besonders ärgert, spricht er von mir in der dritten Person als »der Studentenpfarrer«. Jetzt weiß ich zumindest, dass man das Wort »Studentenpfarrer« so aussprechen kann, dass es wie ein Schimpfwort klingt. Irgendwie höre ich in seiner Stimme noch etwas mit wie »linker Studentenpfarrer«. Aber vielleicht ist es auch nur, was sich allmählich in mir selbst zur Frage formt: Bin ich links, wenn ich mich vom Evangelium leiten lasse und das Kreuz als Zeichen der Solidarität des leidenden Gottes mit den leidenden Menschen, aber auch als Ausdruck der Hoffnung auf eine Überwindung des Leidens bezeuge? Bin ich links, wenn ich hervorhebe, das Kreuz tauge nicht als Ausdruck der Staatsmacht, sondern stehe als Zeichen der Ohnmacht in einer grundsätzlich kritischen Spannung zu jedem Machtgebaren, wie ich es in dem Tweet des Ministerpräsidenten zu erkennen glaubte? War Jesus links, weil er sich in seinem Tun und mit seiner Botschaft auf die Seite der Menschen stellte, die von staatlicher und religiöser Macht benachteiligt wurden?

Es ist an der Zeit, dem bayerischen Ministerpräsidenten und allen, die das christliche Kreuz dazu benutzen, die Überlegenheit der eigenen Kultur auszudrücken und sich über andere zu erheben, das älteste christliche Lied über das Kreuz vor Augen zu halten. Es findet sich in dem Brief, den Paulus an seine Gemeinde in Philippi schrieb, während er selbst im Gefängnis saß. Der Brief antwortet auf Streitigkeiten in der Gemeinde. Paulus mahnt sie mit Blick auf den Gekreuzigten, nichts aus Prahlerei zu tun: »Sondern in Demut schätze einer den anderen höher ein als sich selbst. Jeder achte nicht nur auf das eigene Wohl, sondern auch auf das der anderen« (Philipper 2,3–4). Und dann folgt die Begründung für diese Haltung, die Paulus einfordert: »Seid untereinander so gesinnt, wie es dem Leben in Christus Jesus entspricht« (Philipper 2,5). Er zitiert nun ein Lied, das in den christlichen Gemeinden in Gottesdiensten gesungen wurde, schon bevor er, der älteste Autor des Neuen Testaments, zu schreiben begann. Mit diesem Lied kommen wir historisch am nächsten an die urchristliche Deutung des Kreuzes heran. Und diese Deutung lässt nun tatsächlich alle Kreuze von den Wänden fallen, die der Behauptung von Macht oder Überlegenheit dienen sollen: »... er entäußerte sich und wurde wie ein Sklave und den Menschen gleich. Sein Leben war das eines Menschen; er erniedrigte sich und war gehorsam bis zum Tod, bis zum Tod am Kreuz ...« (Philipper 2,7–8).

Das Kreuz steht für einen Christus, der als Abbild Gottes eigentlich den höchsten Status hatte und stattdessen den niedrigsten Platz wählt. Er wählt die Rolle des verurteilten Verbrechers am Kreuz. Für viele Menschen in den jungen Christengemeinden war das eine Stärkung. Gerade Sklaven und Freigelassene, also Menschen ganz unten in der gesellschaftlichen Rangfolge, fühlten sich dadurch angezogen. Dieser Jesus hat den Platz des Sklaven, den untersten Platz auf der antiken Skala von Ehre und Ansehen, gewählt und genau darin hat ihn Gott bestätigt. Gott schenkt dem Niedrigsten die höchste Würde. Dafür steht der Gekreuzigte. Und in Richtung der Menschen, die gesellschaftlich hochgestellt waren, lautete die Botschaft des Liedes: In den Menschen, die am geringsten geachtet werden, begegnet dir Christus, der Gekreuzigte. Was du ihnen tust, tust du Christus. Am besten dienst du ihm, wenn du wie er auf deinen Status verzichtest und alle Überlegenheit ablegst.

Der älteste Text, den es im Neuen Testament über das Kreuz gibt, bezeugt: Es steht in kritischer Distanz zu jeder Macht, die sich über andere erhebt. Es steht immer auf der Seite der gering Geachteten, der Verfolgten. Es ist das Zeichen ihrer Würde. Den Mächtigen ist es Mahnung, ihre Macht nicht zu missbrauchen, sondern aus der Perspektive der Niedrigsten zu handeln. Das Kreuz in der Hand der Mächtigen, benutzt, um Überlegenheit der eigenen Religion, des politischen Systems oder einer »Kultur« zu symbolisieren, ist die Pervertierung der Botschaft des Gekreuzigten.

Das haben alle verstanden, die im Lauf der Kirchengeschichte im Zeichen des Kreuzes auf der Seite von Verfolgten standen. Das hat Dietrich Bonhoeffer verstanden, der beobachtete, wie die sogenannten »Deutschen Christen« der Verlockung erlagen, Kirche und Staatsmacht, Kreuz und Hakenkreuz in Deckung zu bringen. Diese Gruppierung im deutschen Protestantismus wurde von den Nationalsozialisten gefördert, besetzte wichtige Leitungsstellen in der deutschen evangelischen Kirche und vertrat die nationalsozialistische Ideologie im christlichen Mäntelchen. Gegen die Vereinnahmung des Christentums durch die menschenverachtende staatliche Macht stehen Bonhoeffer und andere Vertreter der »Bekennenden Kirche« auf. Zu ihnen gehört auch Martin Niemöller, der 1976 noch beklagte, dass sich die Christen in der Zeit des Nationalsozialismus zu sehr herausgehalten, zu lange nur auf das eigene Überleben geschaut und dabei ihren eigentlichen Auftrag verraten hätten, sich konsequent auf die Seite der Verfolgten zu stellen: »Als die Nazis die Kommunisten holten, habe ich geschwiegen, ich war ja kein Kommunist. Als sie die Sozialdemokraten einsperrten, habe ich geschwiegen. Ich war ja kein Sozialdemokrat. Als sie die Gewerkschafter holten, habe ich geschwiegen. Ich war ja kein Gewerkschafter. Als sie mich holten, gab es keinen mehr, der protestieren konnte.« (H. Karnick,/W. Richter, Niemöller: Was würde Jesus dazu sagen?, Frankfurt/Main 1986, S. 9/13).

In meiner Studienzeit prägte mich die Begegnung mit der Theologie der Befreiung, die sich in Lateinamerika zur Aufgabe gemacht hatte, das Evangelium als Botschaft zur Befreiung der Armen aus Unterdrückung und Benachteiligung neu zu entdecken. Kirche sollte nach Überzeugung der Befreiungstheologen eindeutig Partei für die Armen ergreifen, ja »Stimme der Armen« werden. Damit stand die Befreiungstheologie im Gegensatz zu Teilen der katholischen

Kirche, unter ihnen viele Bischöfe, die sich mit den Machthabern gemein machten. Den Weg des Gekreuzigten gingen Priester und Bischöfe der Befreiungstheologie nicht nur predigend und mahnend nach. Sie wurden selbst verfolgt, als Kommunisten geschmäht und ermordet. Der Erzbischof von San Salvador, Óscar Romero, wurde 1980 während des Gottesdienstes am Altar erschossen. Den Auftrag für den Mord hatten die Militärmachthaber von El Salvador erteilt, weil sich Romero konsequent für soziale Gerechtigkeit, für demokratische Reformen und gegen die Unterdrückung durch die Militärdiktatur ausgesprochen hatte. Er, der zunächst wie viele andere Bischöfe mit den Machthabern sympathisierte, hat sich als Bischof bekehrt und entschieden, sich auf die Seite der Benachteiligten und Verfolgten zu stellen. Er wurde von den Mächtigen als Kommunist diffamiert, als Feind der christlich-abendländischen Zivilisation. Er war nicht links, er war kein Kommunist. Er lebte schlicht, wie viele andere auch, die Botschaft des Gekreuzigten, der auch nicht links oder kommunistisch war, sondern den Platz an der Seite der Armen gewählt hat.

All das geht mir durch den Kopf, während ich mit Erwin Huber diskutiere und immer wieder versuche, mich von seiner Etikettierung als »linker Studentenpfarrer« zu lösen und das Gespräch auf die

Bedeutung des Kreuzes für uns Christen zu lenken. Und dann passiert etwas, was mir für einen Moment unter die Haut geht: In der Sendung, in der auch Anrufer Fragen beisteuern können, wird ein Student aus Würzburg zugeschaltet. Er schildert seine Meinung, die sich von meiner Position unterscheidet. Er befürwortet die Anordnung des bayerischen Kabinetts und führt einige Argumente dafür an. Ich merke seiner Stimme an, dass ihn das Thema sehr bewegt. Schließlich meint er, der Würzburger Studentenpfarrer mute ihn eher so an, als sei er der Vertreter der »linken Studentengemeinde und nicht der katholischen Hochschulgemeinde«. Diese Äußerung aus dem Mund eines jungen Menschen, der sich als Sprecher der Evangelischen Studentengemeinde in Würzburg vorstellt, beschäftigt mich in den folgenden Tagen mehr als das Urteil der alten CSU-Granden. Habe ich vielleicht doch überzogen, als ich in meinem Brief donnerte, die Kreuze würden von den Wänden fallen, wenn sie es könnten – angesichts der Abschiebung von Geflüchteten in unsichere Herkunftsländer und angesichts so vieler Menschen, die auf der Flucht nach Europa im Mittelmeer ertrinken, weil wir uns abschotten?

Dann werde ich auf ein historisches Dokument aufmerksam, das sich wie eine Bestärkung aus der Vergangenheit zu Wort meldet und sich meinen

Zweifeln in den Weg stellt. Es ist ein bischöflicher Hirtenbrief aus dem Jahr 1948, verfasst von dem damaligen Würzburger Bischof und späteren Kardinal Julius Döpfner. Es war sein erster Hirtenbrief als junger Würzburger Bischof. Er war offensichtlich erschüttert über die ablehnende Haltung in Teilen der einheimischen Bevölkerung gegenüber Flüchtlingen, die aus dem ehemaligen deutschen Reichsgebiet vertrieben worden waren. Mit eindringlichen Worten beschwört er die Gläubigen in seinem Schreiben: »Die Liebe des Gekreuzigten drängt uns auch zur helfenden Bruderliebe. [...] Ohne den Geist echter Liebe sind alle Maßnahmen des Staates und der Kirche nutzlos. Ohne wahres Verstehen und selbstloses Helfen im Kleinen und Großen wird die Flüchtlingsfrage eine lebensgefährliche Wunde für alle, die von gewissenlosen Hetzern bewusst verschlimmert wird. Um des Gekreuzigten willen beschwöre ich Euch: Lasst den Herrn in den notleidenden [Schwestern und] Brüdern nicht vergeblich rufen. Sonst entfernt das Kreuz von allen Wänden, holt es von allen Türmen; denn es ruft das Gericht über ein Land, das sich christlich nennt und das Gesetz der Selbstsucht und des Hasses erfüllt.«

Mich berühren diese Worte – geschrieben vor genau 70 Jahren. Sie sind laut, mahnend und ein unmissverständliches Bekenntnis zum Gekreuzigten als

Anwalt der Schwachen. Sie nehmen mir meine Zweifel, die sich nach den heftigen Reaktionen auf meinen Brief in mir gemeldet hatten. Vor allem entkräften sie den Vorwurf, den mir die CSU-Abgeordneten in ihrer Pressemitteilung gemacht hatten. Sie halten mir vor, ich würde das christliche Handeln auf die Hilfe für Asylsuchende und Migranten reduzieren. Dagegen glaube ich: Längst geht es bei der Frage, wie wir hierzulande mit Menschen auf der Flucht umgehen, um Grundsätzliches: In welcher Gesellschaft wollen wir leben? Setzt sich eine Haltung der Solidarität gegenüber dem wachsenden nationalistischen Egoismus durch?

Es ist wichtig, sich trotz heftiger Reaktionen und Einschüchterungsversuche nicht von einer offenen und kontroversen Diskussion abbringen zu lassen. Viel zu oft wurde in der Geschichte das Kreuz für politische Zwecke missbraucht. In den christlichen Kirchen haben wir diese Geschichte mühsam aufgearbeitet und sind in den letzten Jahrzehnten große Schritte im interreligiösen Dialog vorangekommen. Pegida, AfD und jetzt auch Teile der CSU benutzen nun wieder das Christentum, um Abgrenzungspolitik zu betreiben. Das Neue daran: Sie tun dies diesmal weitgehend ohne Unterstützung der Kirchen, ja zum Teil sogar gegen deren ausdrücklichen Widerstand. Mir ist das friedliche Zusammenleben mit allen Menschen aber zu wichtig, als dass ich dabei schweigend zusehen wollte. Die vielen positiven Rückmeldungen in den Tagen nach meinem offenen Brief – gerade auch von kirchlich Engagierten und Hauptamtlichen in den Kirchen – bestärken mich darin.

Und schließlich bewegt mich noch etwas anderes. Eine Frage, die sich mir in den letzten Jahren immer wieder aufdrängt, vor allem im Kontext des Engagements so vieler junger Leute für Menschen auf der Flucht: Verlieren wir unter Umständen eine Generation junger engagierter Menschen, die enttäuscht sind von der Politik? Manchmal erscheinen sie mir fast verzweifelt auf der Suche nach einer Politik, die glaubwürdig christliche oder humanistische Werte in politisches Handeln umsetzt. Es ist eine Generation mit Idealen, die mir in der Hochschulgemeinde und in der Flüchtlingsarbeit begegnet. Es sind junge Leute, die sich gegen völkischen Nationalismus wenden und die für mehr Mitmenschlichkeit und Solidarität in staatlichem Handeln eintreten. Ich habe viel Sympathie für diese Generation – und gleichzeitig mache ich mir Sorgen.

Auf einer Demonstration gegen eine Sammelabschiebung nach Afghanistan spricht mich ein Student an. Er wird seit fast zwei Jahren mit Verfahren überzogen, weil er sich an einer Sitzblockade gegen einen Aufmarsch von Neonazis beteiligt hat. Der junge Mann sagt mir, dass es ihm guttue, dass ich immer wieder mit auf der Straße stehe, wenn junge Leute gegen Abschiebungen demonstrieren oder sich Neonazi-Kundgebungen in den Weg stellen. Ich kenne ihn vor allem von Demonstrationen und aus dem Gerichtssaal. Viele junge Leute habe ich in den vergangenen Jahren kennengelernt, die durch ihr Engagement für Geflüchtete und wegen ihres Protests gegen Rechts in Konflikt mit dem Gesetz geraten sind. Für manche ist die Katholische Hochschulgemeinde zu einer Art geistigen Heimat geworden, weil sich dort soziales Engagement und politische Auseinandersetzung verbinden. Allein dieser Umstand scheint die Hochschulgemeinde in den Augen einiger Politikerinnen und Politiker und manches Staatsschutzbeamten schon verdächtig zu machen.

In einem Telefonat mahnt mich ein Beamter des Staatsschutzes, ich solle aufpassen, dass sich die Hochschulgemeinde nicht zum »Unterschlupf für Linksextreme« entwickle. Er spielte damit auf junge Leute an, die sich am Rande einer Demonstration gegen die rechtsextreme Partei »Der III. Weg« in den Räumen der Hochschulgemeinde aufwärmten und zum Tee zusammenfanden.

Bei der Mahnwache gegen Abschiebungen, bei der mich der junge Mann anspricht, habe ich kurz zuvor in einem Redebeitrag wieder einmal an die Gedanken

Elie Wiesels erinnert: »Wenn Sie die Wahl haben, zwischen Verzweiflung und Gleichgültigkeit zu wählen, wählen Sie die Verzweiflung, nicht die Gleichgültigkeit! Denn aus Verzweiflung kann eine Botschaft hervorgehen, aber aus der Gleichgültigkeit kann per definitionem nichts hervorgehen.« Der junge Mann hat sich mit seiner Situation in diesen Worten wiedergefunden. Ich spüre, dass er genau an diesem Punkt angelangt ist: Er verzweifelt an unserem Rechtssystem. Er ist mürbe geworden. Und es berührt mich, weil ich nicht mehr tun kann als zu reden, auf der Straße zu sein oder mich hin und wieder in eine Gerichtsverhandlung zu setzen.

Seit etwa drei Jahren erlebe ich in der Hochschulgemeinde immer mehr junge Leute, denen es so ergeht wie dem jungen Mann bei der Mahnwache. Sie haben irgendwann begonnen, sich für Geflüchtete zu engagieren. Viele, die im Arbeitskreis Asyl der Hochschulgemeinde mitarbeiten, haben Freundschaften geschlossen mit gleichaltrigen Geflüchteten. Sie haben sie begleitet bei Behördengängen, Sprachkurse organisiert oder einfach mit ihnen Freizeit verbracht. Zu den üblichen Schwierigkeiten, die sich mit dem Ankommen verbinden, spielten dann aber die Auswirkungen der sich verändernden politischen Stimmungslage in Deutschland auch in unseren Gesprächen eine immer größere Rolle.

Wir erleben zurzeit, wie die Völkischen der sogenannten AfD Tag für Tag ihre menschenverachtende Propaganda mit heimtückischer Strategie nahezu ungehindert verbreiten, bis hinein in unsere Parlamente. Studierende erleben, wie Menschen auf der Flucht täglich diffamiert werden – nicht irgendwelche anonymen »Flüchtlinge«, sondern Menschen, die ihnen zu Freundinnen und Freunden geworden sind. Und sie müssen erfahren, wie sich manche Parteien zu willfährigen Helfern und Vollstreckern der neuen Nazis machen. Abschiebungen nach Afghanistan werden zu Symbolhandlungen, mit denen die Regierenden ihre harte Haltung demonstrieren und Stimmen am rechten Rand zurückgewinnen wollen.

Das Engagement mancher Studierender mischt sich zunehmend vor meinen Augen mit Resignation und Verzweiflung. Die Geschwindigkeit, mit der sich Stimmungen auf die Asylgesetzgebung und deren Umsetzung auswirken, lassen die jungen Leute am Rechtsstaat zweifeln. Der Schutz gefährdeter Menschen auf der Flucht scheint weniger wichtig und je nach Stimmungslage verhandelbar.

Zeitgleich haben etliche der Studierenden langwierige Verfahren anhängen, weil sie sich gegen Neonazis engagieren und dabei in ihrem zivilen Ungehorsam strafrechtliche Konsequenzen zu tragen haben. Für einige wird auf einmal spürbar, dass ihre Zukunftspläne und ihre künftige berufliche Existenz bei einer möglichen Verurteilung auf dem Spiel stehen.

Die Entwicklung dieser konkreten jungen Leute zeigt mir, dass es bei der augenblicklichen politischen Entwicklung eben nicht nur um das Schicksal der Schutz suchenden Menschen geht. Es geht darüber hinaus um eine ganze Generation junger aktiver Menschen, die sich mit unglaublichem Engagement in den gesellschaftlichen Prozess der Aufnahme Geflüchteter eingebracht haben. Es sind politisch wache junge Leute, die sich einmischen, die Position beziehen, die für mehr Humanität auch persönliche Einschränkungen in Kauf nehmen.

Es geht um eine Generation, die für sich erkannt hat, dass die Aufnahme Geflüchteter nicht Wohltätigkeit, sondern Solidarität verlangt. Es geht um junge Leute, deren Engagement für Geflüchtete in unmittelbarer Konsequenz ihr Eintreten gegen jede Form des völkischen Nationalismus nach sich zieht. Wenn diese Menschen nun erfahren, dass der Rechtsstaat sie in ihrem Einsatz für Solidarität enttäuscht, sie als »linksextrem« abstempelt und sie gleichzeitig wegen ihres Protests gegen Rechts sogar belangt, hat das gravierende Folgen für die gesamte Gesellschaft.

Viele Studierende haben in Erinnerung behalten oder inzwischen aus Erzählungen davon gehört, dass wir im Jahr 2012 nach langer Pause in Bayern wieder eines der ersten offenen Kirchenasyle durchgeführt haben. Für sieben Monate haben wir einen jungen Mann, der aus Äthiopien geflüchtet war, bei uns aufgenommen und seine drohende Abschiebung nach Malta erfolgreich verhindert. Wer sich in der Hochschulgemeinde engagiert, weiß, dass wir im Eintreten für Humanität unter Umständen auch dazu bereit sind, geltende gesetzliche Vorschriften zu übertreten – und zwar dann, wenn es um den Schutz eines konkreten Menschen geht, dem der Staat keinen ausreichenden Schutz gewährt. Dieses Beispiel bestärkt nach wie vor viele Studierende in ihrem persönlichen Engagement, auch wenn sie das Kirchenasyl persönlich nicht miterlebt haben.

Es geht aber um noch etwas anderes, das gerade junge Menschen in ihrem Eintreten für Humanität bestärkt. Ich nenne es Präsenz: Dabeizubleiben, wenn Studierende sich für befreundete Geflüchtete engagieren, auf der Straße zu sein, auch vermittelnd und deeskalierend, bei Gerichtsverhandlungen präsent zu sein und in Gesprächen darauf hinzuwirken, dass Menschen nicht grundsätzlich den Glauben an rechtsstaatliche Prinzipien verlieren. All das bedeutet jungen Menschen sehr viel.

Schließlich repräsentieren wir als Hochschulgemeinde für manche vielleicht auch so etwas wie die Macht der Ohnmächtigen oder die Sinnhaftigkeit eines humanitären Handelns entgegen der sich verändernden politischen Stimmungslage. Wer sich mit Menschen in Not anfreundet, wechselt den Standort, ist nicht mehr überlegen, sondern beteiligt. In dieser Haltung versuchen wir Studierende zu unterstützen, selbst auf die Gefahr hin, dass sich für manche damit die Erfahrung von Verzweiflung verbindet. Selbst auf die Gefahr hin, dass diese Haltung mit dem Etikett »links« versehen wird. Vielleicht ist es aber einfach auch nur christlich, so zu handeln – auf der Spur des Gekreuzigten und auch ohne Fassadenkreuz.

Kapitel 5

»Welcome to the Revolution«

Mit einem Strahlen im Gesicht springt Carolin vom Fahrrad, um mir die Neuigkeit zu erzählen, oder man müsste eher sagen entgegenzurufen: »Stell dir vor, Burkhard, ich gehe nach Qubeibeh! Ich werde dort für die nächsten Wochen als Volontärin arbeiten. In drei Wochen fliege ich schon!« Ich kenne Carolin seit ihrem ersten Semester, als sie in der Katholischen Hochschulgemeinde auftauchte, um dort Leute kennenzulernen. Jetzt hat sie ihre Prüfungen abgeschlossen. All die Jahre hat sie sich für andere Menschen in verschiedenen Arbeitskreisen der Hochschulgemeinde engagiert. Bei regelmäßigen Treffen mit Menschen mit Behinderungen und in der Arbeit mit Geflüchteten, schließlich auch als gewählte studentische Sprecherin. Im Sommer 2015 traf ich sie dann auch außerhalb der Hochschulgemeinde in dem großen Zelt im Würzburger Stadtteil Zellerau. Das Zelt, in dem ich Menschen kennenlernte, die mir zu bleibenden Freunden geworden sind, diente damals als vorläufige Erstaufnahmestelle für viele Geflüchtete, die für einige Wochen in großer Zahl in der Stadt ankamen. Ich beobachtete damals, wie sich zunächst an Biertischen, die im Eingangsbereich des Zeltes als Essplatz eingerichtet waren, Menschen um die Studentin scharten, um erste kleine Deutschstunden zu absolvieren. Wie viele andere auch tat sie damals einfach das, was dran war, um Menschen das Ankommen zu erleichtern und ihnen zu zeigen, dass sie willkommen sind. Über viele Monate hat sie ihren Deutschkurs weitergeführt – zuerst im Zelt, später dann in den Räumen der KHG. Es entwickelten sich Freundschaften. Von der Engagierten wurde Carolin zur Beteiligten. Wie viele andere erlebte sie mit, wie es Menschen geht, die mühsam die Sprache lernen oder den endlosen Weg durch Behörden antreten und zu alldem ihre Familie und Angehörigen vermissen. Sie unterstützte Einzelne bei der Wohnungssuche und organisierte gleichzeitig mit anderen Studierenden in ihren eigenen Semesterferien ein Ferienprogramm für geflüchtete Kinder.

Immer wieder tauschten wir uns über Erfahrungen dieses Engagements aus – manchmal nur kurz zwischen Tür und Angel, wenn sie mit Material beladen zu einem ihrer Engagements eilte, oder nach dem

Sonntagabendgottesdienst in der KHG. Eines Tages erlebte ich sie dann bei einer Mahnwache gegen Abschiebungen nach Afghanistan. Zum Abschluss der Mahnwachen gibt es die Tradition des »offenen Mikrofons«: Wer etwas sagen mag oder eine kleine Rede halten möchte, tritt einfach in die Mitte und spricht zu der meist eher kleinen Gruppe, die vor allem aus jungen Leuten besteht. Mit einigen Zetteln in der Hand, auf denen sie ihre Rede vorbereitet hatte, trat Carolin an das Mikrofon und hielt ein menschliches und zugleich hochpolitisches Plädoyer für das Bleiberecht der afghanischen Geflüchteten. Mit einer festen Überzeugung, mit viel Empathie und praktischer Erfahrung stand sie da. Mir hat sich dieses Bild eingeprägt. Vielleicht vor allem deshalb, weil ich sie bis dahin nur im Gottesdienst öffentlich reden gehört hatte. Immer wieder brachte sie selbstgeschriebene Texte und Gedichte mit, die sie dann bei den sonntäglichen Gottesdiensten oder auch im Advent früh am Morgen bei Roratemessen vortrug. Und jetzt stand sie auf einem öffentlichen Platz mitten in der Stadt mit einem Mikrofon in der Hand und bezog Position.

Ich habe in dieser Situation so etwas wahrgenommen wie die Besonderheit des Augenblicks: der bewusste Schritt aus dem persönlichen Engagement in den öffentlichen politischen Raum. Mich hat das beeindruckt. Ich hatte für einen Moment das Gefühl, ich bin Zeuge von etwas, was Bedeutung hat. Und irgendwie fiel mir, für mich selbst etwas überraschend, der Begriff »heiliger Moment« dazu ein – mitten auf der Straße, an einem etwas unangenehm nasskalten Herbsttag. Vielleicht kam das daher, weil ich ihre Texte bislang nur in Gottesdiensten gehört hatte. Es war, als hätte sie von dort etwas mit auf die Straße gebracht. Und damit meine ich nicht einen irgendwie frommen Tonfall oder eine besondere Wortwahl. Es war diese Eindringlichkeit und Intensität, mit der sie sprach, die diese politische Rede für mich auch zu einer spirituellen Rede machte. Ihr war anzumerken – oder zumindest habe ich es an diesem Tag in dieser Situation für mich so wahrgenommen –, hier geht es nicht nur darum, dass eine Frau eine politische Meinung formuliert. Hier spricht jemand von innen heraus über Mitmenschlichkeit und Solidarität. Und es geht dabei um etwas, das in diesem Augenblick über diesen konkreten Anlass und über die Straße hinausgeht. Ich hatte auf einmal einen Begriff im Sinn, der mir in meinem Studium über die Schriften des Theologen Karl Rahner nahegekommen war: Transzendenzerfahrung. Das bedeutet: Ich erlebe etwas, was mich selbst und den konkreten Moment übersteigt und was unverfügbar ist. Wenn hier auf der Straße von menschlicher Würde die Rede ist, die es angesichts der gegenwärtigen Abschottungspolitik zu wahren und auch zu verteidigen gilt, dann geht es um etwas, was Mehrheitsmeinungen oder Stimmungslagen übersteigt. Es geht um etwas Unverfügbares. Könnte es der spezielle Auftrag von Christen in der augenblicklichen politischen Lage sein, genau dafür öffentlich und auf der Straße einzustehen? Eben nicht nur in Kirchenräumen und Gottesdiensten?

Ich glaube, es ist an der Zeit, dass Menschen laut – im Sinne von deutlich – an die Unverfügbarkeit der menschlichen Würde erinnern und in der politischen Auseinandersetzung dafür mit ihrer ganzen Person einstehen. Es geht nicht ums Predigen auf der Straße. Es geht letztlich darum, dass es Menschen braucht, die das mit Leben füllen, was ganz zu Beginn unserer Demokratie an den Anfang des Grundgesetzes gestellt wurde. Artikel 1 (1) formuliert diese Unverfügbarkeit so: »Die Würde des Menschen ist unantastbar.« Der gesamte Artikel 1 steht zusammen mit einigen anderen Aussagen des Grundgesetzes unter dem besonderen Schutz der sogenannten »Ewigkeitsklausel« in Artikel 79 (3). Diese besagt, dass Artikel 1 nicht geändert oder gestrichen werden darf. Kein Gesetz und keine Mehrheitsmeinung hat Zugriff auf diesen Grundsatz. Letztlich steht eine funktionierende Demokratie damit auf einem Fundament, das gerade nicht durch das wichtige demokratische Prinzip der Mehrheitsentscheidung zu beeinflussen ist.

Als ich mitten auf dem Marktplatz stehe und Carolin zuhöre, geht mir dieser Gedanke durch den Kopf: Unsere Demokratie ist darauf angewiesen, dass es wieder mehr Menschen gibt, die öffentlich und laut davon sprechen, was unverfügbar ist und was keinem Stimmungswandel und keiner Mehrheit geopfert werden darf: die menschliche Würde. Insofern braucht es vielleicht tatsächlich mehr Transzendenz in der gegenwärtigen Politik – die Erfahrung nämlich, dass wir in einer lebendigen Demokratie etwas bewahren, was über die alltägliche politische Auseinandersetzung, die stark davon bestimmt wird, was nützlich und machbar ist, hinausführt. Ich halte in diesem Augenblick auf der Straße im Kreis der jungen Leute mit kalten Füßen für mich fest, dass ich gerade tatsächlich einen »heiligen Moment« erlebt habe.

Junge Leute wie Carolin machen mir Mut. Sie steht für mich in einer Reihe mit anderen Vertreterinnen und Vertretern ihrer Generation, die ich manchmal als »engagierte Generation in Verzweiflung« bezeichne.

In überwältigender Gestalt sind sie mir und Millionen von Menschen vor Augen getreten als Überlebende des Amoklaufs an einer High-School in Parkland. Siebzehn Menschen, unter ihnen dreizehn Schülerinnen und Schüler, fielen der Gewalttat am 14. Februar 2018 zum Opfer. Mutig traten junge Menschen in den folgenden Wochen vor Kameras und überbrachten ihre eindringliche Botschaft unter Tränen Präsident Trump bei einem Zusammentreffen im Weißen Haus. Diese Begegnung wirkte auf mich wie eine zum Bild geronnene Darstellung der neuen politischen Generation, die dem Vertreter der alten Macht gegenübertritt. Während der amerikanische Präsident auf einen Spickzettel angewiesen war, auf dem er sich zuvor Anweisungen für ein mitfühlendes Verhalten im Gespräch mit den Jugendlichen aufgeschrieben hatte, sprachen die jungen Leute frei und authentisch Sätze, die über sie selbst hinausführten. Ariana Klein, eine Überlebende, sagte zu Trump: »Es geht nicht nur um Parkland, es geht um ganz Amerika. Jeden Schüler in jeder Stadt.« Im »March for Our Lives« entfachten die jungen Leute im März 2018 den größten Jugendprotest der letzten Jahrzehnte in den USA. Der an Arroganz und politischem Einfluss kaum zu überbietenden Waffenlobby setzten sie ihre Verzweiflung entgegen und ihren Wunsch, in einem Land zu leben, in dem das Leben junger Menschen nicht durch Waffen bedroht wird, die man an jeder Ecke legal erwerben kann.

Die 18-jährige Emma Gonzalez wurde in diesen Tagen zu einer Art Ikone der verwundeten und verzweifelten, aber ebenso entschlossenen Generation. Sie hielt Reden unter Tränen, in denen sie immer wie-

der Politiker anprangerte, die NRA-Spenden ange-
nommen hatten: »Schande über euch!«, rief sie aus
und sah dabei aus wie eine Prophetin. Sie stand da wie
eine Lichtgestalt für andere, obwohl sie selbst gerade
durch die größte Dunkelheit hindurchgegangen war.
Ihr und vielen anderen war anzumerken, dass sie ihr
persönliches Schicksal schon längst in einen größeren
Kontext gestellt hatten. Ihre eigene Geschichte bekam
viel größere Dimensionen als das, was sie unmittelbar
erlebt hatten - und das nur wenige Tage, nachdem sie
knapp dem Tod entkommen waren.

Daneben verblassten die Mächtigen im Land - mit
dem amerikanischen Präsidenten an der Spitze - zu
kleinlichen, auf sich selbst bezogene Gestalten aus einer politischen Epoche, die in diesen Tagen dem Untergang geweiht scheint. Der Titel der Protestbewe-
gung machte diesen Anspruch deutlich: Es geht nicht
nur um den Kampf gegen die Waffenlobby, es geht um
unser Leben!

Der 17-jährige Cameron Kasky beginnt seine Rede
als Erster der Jugendlichen auf der Bühne in Washing-
ton vor hunderttausenden Schülern und Studenten
mit den Worten: »Welcome to the revolution!« Im
weiteren Verlauf seiner Rede, die Millionen Menschen
am Fernsehen, an ihren Rechnern oder Smartphones
mitverfolgen, ruft er seiner Generation zu: »Wir ver-
sprechen hiermit, das kaputte System zu reparieren, in

das wir hineingezwängt wurden, und eine bessere Welt zu schaffen für die Generationen, die noch kommen.«

Bei einer Tagung für Jugendliche und junge Erwachsene in der Evangelischen Akademie Tutzing bin ich im Oktober 2017 auf junge Leute gestoßen, die mich in manchem an die junge Bewegung in den USA erinnern. Die Tagung trug den Titel »Jung und politisch«. In den ehrwürdigen Gemäuern der Akademie schien sich für mich an diesem Wochenende so etwas wie eine kleine Revolution abzubilden. Ich sollte über meine Erfahrungen aus der Katholischen Hochschulgemeinde berichten, wie es dort dazu kommt, dass Studierende über ihr Engagement politisches Bewusstsein entwickeln. Am Sonntagvormittag war im Seminarraum der Akademie, der an einen kleinen Plenarsaal erinnert, eine Begegnung mit den jugendpolitischen Sprecher*innen der Fraktionen aus dem Bayerischen Landtag angesetzt. Die Seminarteilnehmer präsentierten dort unter anderem Videoclips und Poetry-Slams, die sie am Samstag zum Tagungsthema erarbeitet hatten. Die Abgeordneten, die teilweise immer noch das alte Klischee mitbrachten, die Jugend von heute sei unpolitisch, nicht zu motivieren und nur auf Spaß aus, staunten nicht schlecht, als die jungen Menschen selbstbewusst vor sie hintraten und sie eines Besseren belehrten. Mir lief es kalt den Rücken herunter, als Jonas seinen Text vortrug – rebellisch und mit unverwechselbar prophetischem Ausdruck:

Kennst du das auch? Wenn dir irgendjemand so was in die Hand drückt und dann einfach verschwindet? »Halt mal kurz!" — Zack! Und schon wird man's nicht mehr los. Und dieser kurze Moment danach, wenn man nicht checkt, dass man ein Stück Müll in der Hand hat und nicht weiß, was man damit anfangen soll?

Schämt ihr euch eigentlich?

Ihr werdet euch noch wünschen, wir wären unpolitisch!

Wie stellt ihr euch das überhaupt vor? Ist doch klar, dass wir verwirrt sind: »Hey, herzlichen Glückwunsch zum achtzehnten (übrigens schnell noch mal auf die Malediven fahren, bevor sie demnächst absaufen). Na Danke! Großartig!! Damit muss man erst mal klarkommen. Und natürlich sehen wir das alles kommen, was da auf uns wartet.

Kann man sich wirklich auf Europa verlassen?

Warum sammelt die Oma Flaschen am Hauptbahnhof?

Und was war das nochmal mit dieser sogenannten Willkommenskultur? Ja Mensch, da habt ihr uns echt mal begeistert — und Schwups! War's wieder vorbei.

Und ihr denkt, wir sind nur am daddeln ...
Könnt ihr bitte das Internet uns überlassen?
Wieso macht ihr uns gläsern und speichert unsere
Profile?

Und wir fragen uns ernsthaft, wieso ein ranzi-
ges WG-Zimmer in München verdammte 500 Euro
kostet!! Nehmt ihr uns überhaupt ernst? Sollen wir
euch abkaufen, dass ihr alles unter Kontrolle habt?
Ihr werdet euch noch wünschen, wir wären unpo-
litisch!

Ihr denkt, wir sind faul und verweichlicht und
verwöhnt und ohne Meinung und früher wart ihr
natürlich viel cooler, wilder, rebellischer und habt
viel mehr verändert. Entschuldigung!!?? Das ist nicht
euer Ernst, oder? Die Probleme, die ihr uns überlasst,
sind tausendmal krasser als die Probleme eurer Ju-
gend! OK: Der Ost-West-Konflikt war'n dickes Brett.

Aber Klimawandel UND Artensterben UND Be-
völkerungswachstum UND weltweite Fluchtbewe-
gungen UND Aufrüstung UND Brexit UND große
soziale Ungerechtigkeit UND UND UND UND UND
UND – Das ist einfach too much. Und alles hängt mit
allem zusammen; ist scheinbar nur global lösbar.

Und so stehen wir da mit diesem Scheiß Stück
Müll in der Hand und wissen einfach nicht, was wir
damit tun sollen. Wir wissen gar nicht, worüber wir
uns zuerst aufregen sollen! Wir haben noch gar nicht

angefangen. Wir denken noch nach und wir brauchen Zeit. Aber:

Ihr werdet euch noch wünschen, wir wären unpolitisch!

(Jonas Wilzewski)

Mir stockt beinahe der Atem. Mein Blick fällt auf die Abgeordneten, die irgendwie um Fassung ringen. Ich wünsche mir in diesem Moment so sehr, dass sich diese neue Generation ihre »revolutionäre« Haltung bewahrt, diese Mischung aus prophetischer Entschlossenheit und Verzweiflung, aus der tatsächlich ein neuer Politikstil entstehen kann. Aber woher wird diese Revolution ihre positive Kraft beziehen? Verzweiflung allein reicht nicht aus, um die Politik und mit ihr die Welt zu verändern. Es braucht Menschen und Orte, es braucht Quellen, aus denen sich die Energie gewinnen lässt, die nötig sind, um nicht bei sich selbst stehen zu bleiben.

Carolin geht an einen solchen Ort. Nach Qubeibeh. Ein Ort, den sie das erste Mal – wie ich auch – bei einer Fahrt der Hochschulgemeinde nach Israel und Palästina kennengelernt hat. Qubeibeh ist einer der Orte, die für sich beanspruchen, das biblische Emmaus zu sein. Im Lukasevangelium verbindet sich mit Emmaus eine der bekanntesten Ostererzählungen

(Lukas 24,13–35): Zwei Jünger, die sich, enttäuscht nach dem Tod Jesu, auf den Weg machen, weg von Jerusalem, begegnen auf diesem Weg dem Auferstandenen. Sie erkennen ihn erst, als er in Emmaus ihrer Bitte nachkommt, bei ihnen zu bleiben und mit ihnen zu essen. Eine feinfühlige Erzählung aus der frühen Christenheit, die für die junge christliche Gemeinde in Worte fasst, wie dieser Auferstandene zu erfahren ist.

Heute ist Emmaus ein Ort in einer sehr besonderen Situation. Er liegt im Westjordanland, eigentlich nur zwölf Kilometer von Jerusalem entfernt. Jesus und die zwei Jünger hätten in heutiger Zeit wohl wenig Chancen gehabt, innerhalb eines Tages Emmaus zu erreichen. Denn inzwischen ist der Ort umgeben von Sicherheitsanlagen, die durch die israelische Regierung errichtet wurden und das Westjordanland fast undurchdringbar abriegeln. Der Weg nach Emmaus ist lang geworden und beschwerlich. Wer heute von Jerusalem aus dorthin will, muss mehrere Checkpoints passieren. Und man weiß nie, wie lange man ansteht und wartet. Zumindest hat man als Tourist gute Chancen, überhaupt nach Emmaus zu kommen, für einheimische Palästinenser ist jeder Checkpoint ein gefährliches und entwürdigendes Lotteriespiel. Nichts ist mehr planbar oder sicher. Ein Leben, in dem der Ausnahmezustand für alle Seiten fast zur Normalität geworden scheint. Menschen, die früher täglich vom Westjordanland aus nach Jerusalem zur Arbeit fuhren, haben ihre Arbeit verloren, weil der Weg zu weit oder unmöglich geworden ist. Unter diesen Bedingungen betreibt die Ordensgemeinschaft der Salvatorianerinnen das »Beit Emmaus«. Früher war dieses Haus ein beliebtes Hotel für reiche Palästinenser. Vor allem war es bekannt dafür, dass Brautpaare dort gerne ihre Flitterwochen verbrachten. Jetzt ist es ein Haus für alte und behinderte palästinensische Frauen, denen durch die besonderen politischen Verhältnisse oder durch die Situation in ihrer Familie der Zugang zu einer angemessenen Behandlung und Pflege verwehrt bliebe, wenn es »Beit Emmaus« nicht gäbe. Einige der Frauen, die jetzt dort leben, wurden zuvor von ihren Familien wegen ihrer Behinderung versteckt und vegetierten unter unwürdigen Bedingungen, zum Teil sogar mit Ketten angebunden. Menschen, die vorher wie Tiere lebten, für die man sich schämte, erleben hier, dass sie wertvoll sind und dass man ihnen mit Respekt begegnet.

Ich erinnere mich daran, wie uns bei einem unserer Besuche Schwester Hildegard, die das Haus seit 2002 leitet, Schafika vorstellte. Schafika ist eine junge Palästinenserin, der an beiden Füßen mehrere Zehen fehlen. Viele Jahre war sie von ihrer Familie in einer dunklen Zisterne eingesperrt worden, weil man sich für sie schämte. Dort haben ihr Ratten die Zehen abgebissen. Als wir sie kennenlernten, strahlte sie.

Seit mehr als zehn Jahren befindet sich auf dem Gelände von »Beit Emmaus« auch eine Krankenpflegeschule. Junge Frauen und Männer aus den umliegenden Orten können dort eine Ausbildung machen, die ihnen für später gute berufliche Chancen bietet. Schließlich ist »Beit Emmaus« auch zu einem Ort geworden, der Menschen anzieht, die für einige Zeit als Freiwillige dort mitarbeiten. Es sind Menschen, die aus ihrem Beruf für einige Wochen aussteigen, andere gönnen sich während ihres Studiums eine Phase der Neuorientierung oder wollen einfach für einige Wochen etwas ganz anderes als zu Hause und dabei gleichzeitig anderen Menschen helfen. Es ist ein Ort der Hoffnung und der Orientierung. Und vielleicht ist es auch ein Ort einer besonderen »Revolution«.

In jedem Fall ist für mich Qubeibeh zu dem geworden, was der französische Philosoph Michel Foucault mit dem Begriff »Andersorte« belegte. Heterotopien (hetero = anders; topos = Ort) unterscheiden sich für ihn von Utopien (wörtlich: Nicht-Orte). Utopien sind nichtexistente Orte. Sie stehen für Wunschbilder und Visionen, zum Beispiel von einer perfekten Gesellschaft. Nach diesen Utopien sehnt man sich, aber sie sind unwirklich und haben keinen realen Ort. Heterotopien (Andersorte) sind hingegen wirkliche Orte. Es sind wirksame Orte, an denen tatsächlich realisierte Utopien zu entdecken sind. So wichtig Utopien als Triebfeder für die Erneuerung sein können, braucht es Andersorte wie »Beit Emmaus«. Hier kann man erleben, dass inmitten einer Situation, die von Hoffnungslosigkeit und politischem Ausnahmezustand geprägt ist, so etwas wie gute Perspektiven und friedliches Leben möglich sind. Es ist ein Ort menschlicher Würde. Es ist ein politischer Ort.

Im Spannungsfeld zwischen Israel und der palästinensischen Bevölkerung gestaltet die Ordensgemeinschaft unter schwierigsten Bedingungen aktive Friedenspolitik. Der Alltag ist geprägt von der täglichen Bewältigung der besonderen politischen Umstände, von Verhandlungen mit den israelischen Sicherheitsbehörden, vom endlosen Warten an Checkpoints, von der Frustration der einheimischen Bevölkerung, von ständiger Unsicherheit, was der nächste Tag bringt.

Mich beeindrucken die Gelassenheit und der positive Geist, mit dem die Schwestern gemeinsam mit anderen diesen Ort aus der biblischen Tradition zu einem Andersort der Gegenwart geprägt haben. Für Schwester Hildegard scheint es egal zu sein, ob dieser oder ein anderer Ort das biblische Emmaus ist. »Ich will leben, was Emmaus bedeutet. Das geschieht, wenn Menschen sich verstanden fühlen und Hilfe erfahren«, sagt sie in einem Interview (Christian Rössler, Von Jerusalem nach Jericho. Jesus käme nicht bis Emmaus, FAZ, 06.04.2012). Für sie steht immer der Mensch mit seiner Würde im Mittelpunkt. Das ist die Haltung, die sie von der Botschaft Jesu für sich verstanden hat und die sie mit ihren Mitschwestern und den vielen Menschen, die hier arbeiten, leben will. Dazu gehört auch, dass Christen und Muslime gemeinsam die jeweiligen Feste feiern und gemeinsam an Sterbebetten christliche Gebete sprechen oder Verse aus dem Koran zitieren. Die Zeitung betitelt diesen Abschnitt der Reportage über Qubeibeh mit der Überschrift »Eine kleine Revolution in Qubeibeh«. Vielleicht könnte man es im Geiste Jesu auch als »Revolution der Liebe« bezeichnen.

Ich bin dankbar, dass ich bereits während meines Studiums solche »Andersorte«, an denen diese »Revolution der Liebe« tatsächlich gelebt wird, entdecken durfte. Ich weiß nicht, wie mein weiterer Weg verlaufen wäre, hätte ich nicht damals Freunde gefunden, die zur Ordensgemeinschaft der Franziskaner in Münster gehörten. Sie nahmen mich bei einem Besuch mit in einen kleinen Konvent in einer Obdachlosensiedlung in Herne. Inmitten der städtischen Notunterkunft lebten die Franziskaner mit den Menschen zusammen, die aus unterschiedlichen Gründen auf der Straße gelandet waren und von der Stadt schließlich die Notunterbringung zugewiesen bekamen. Mich beeindruckte, wie die Ordensleute dort unter den gleichen Bedingungen wohnten wie die anderen Bewohner auch. Es war eben kein hübsches Kloster und keine Oase inmitten einer Obdachlosensiedlung, sondern die Franziskaner lebten dort einfach mit, teilten die Erfahrung, wie es ist, wenn man Arbeit sucht und als Adresse eine städtische Notunterkunft angeben muss. Abends feierten sie gemeinsam die Messe am Küchentisch. Wer dazukommen wollte, war willkommen. Missioniert wurde nicht. Wenn es so etwas gibt wie eine persönliche Emmaus-Erfahrung, dann hatte ich sie dort in der Obdachlosensiedlung am Küchentisch beim Brotbrechen. Jedenfalls gingen mir in diesem Augenblick die Augen auf für das, was ich seither mit der Eucharistie verbinde. Dort, beim Abendmahl, zeigt sich für mich seither, ob Leben und Liturgie übereinstimmen oder getrennt voneinander stattfinden. Mir sind an diesem Abend die Augen dafür geöffnet worden, wie das ist, wenn das Abendmahl tatsächlich eine offene Einladung für alle ist. Papst Franziskus bestärkt mich mit seinen Worten, die er 2013 in seiner Enzyklika *Evangelii Gaudium* zum Abendmahl formuliert hat. Die Eucharistie sei »(...) nicht eine Belohnung für die Vollkommenen, sondern ein großzügiges Heilmittel und eine Nahrung für die Schwachen« (*Evangelii Gaudium* 47). In meinen Augen gehört es zu den großen Sünden der Kirche – und ich wähle das Wort »Sünde« selten, aber hier bewusst –, dass der Abendmahlstisch zu einem Ort der Trennung wurde, an dem Menschen ausgeschlossen werden, die kein »perfektes« Leben vorweisen können. Und es ist traurig, dass aus den Mählern Jesu an den Tischen eines Zöllners Zachäus oder in Begleitung von stadtbekannten Dirnen abgehobene Spektakel geworden sind, bei denen nicht mehr die Anwesenheit der Ausgestoßenen, sondern eher die Anzahl von Kniebeugen über die Heiligkeit der Feier entscheiden. Und es tut gut, dass es dann doch hin und wieder diese Emmaus-Erfahrungen gibt, bei denen einem die Augen aufgehen und das Herz brennt, weil für einen Augenblick in der Gegenwart eine Begegnung mit Jesus erlebbar wird – in Qubeibeh oder in einer Obdachlosensiedlung am Küchentisch. Ich glaube, es gehört zur »Revolution der Liebe« dazu, diese Erfahrungen wieder herbeizuführen – ja, vielleicht sogar ganz konkret die Abendmahlstische aus unseren Kirchen mitzunehmen und dort aufzustellen, wo das Leben der Menschen besonders schwierig ist. Sich hinzusetzen und einzuladen – ohne Vorbedingung.

Bis dahin ist vielleicht ein gar nicht mehr allzu weiter Weg, wenn ich mir so manche mutige Christen in meiner Umgebung ansehe, in denen ich Emmaus-Jünger zu erkennen glaube.

Carolin, die kurz vom Fahrrad abgestiegen war, um mir mitzuteilen, dass sie nach Qubeibeh ins »Beit Emmaus« geht, um dort als Volontärin mitzuarbeiten, steigt jetzt wieder auf und fährt weiter.

Alles Gute auf deinem Weg zu einem neuen Andersort – »Welcome to the revolution!«

Kapitel 6

Jesus an unheiligen Orten

»Wisst ihr, was ich mache, wenn ich mit den Vorbereitungen für meine Sonntagspredigt fertig bin? Ich setze mich für eine Stunde in ein Café in der Eingangshalle des Hauptbahnhofs. Dort lese ich mir alles nochmal durch. Und ich beobachte die Menschen. Ich bin noch nie von dort aufgestanden, ohne meine Predigt anschließend zu verändern.«

Heute noch erinnere ich mich an nahezu den genauen Wortlaut dieser Anleitung für die eigene Predigtvorbereitung. Dabei ist es ungefähr dreißig Jahre her, dass ich diese Sätze gehört habe. Der Ordensmann, von dem ich sie während der Exerzitien mitgenommen habe, arbeitete damals in einer Pfarrei in der Frankfurter Innenstadt.

Ich denke oft an diese Worte zurück. Ich weiß auch noch, dass der Pater damals sagte, an großen Bahnhöfen treffe man die »Freunde Jesu«. Deshalb waren es für ihn heilige Orte. Ein Gedanke, der für uns junge Theologiestudenten ungewohnt und gleichzeitig faszinierend war. Mit den »Freunden Jesu« meinte er zum einen Menschen, für die der Bahnhof manchmal einer der wenigen Orte ist, an dem sie bleiben konnten, um sich aufzuwärmen, ohne gleich rausgeworfen zu werden. Mit ihm im Café saßen auch einsame Menschen, die vor sich hinblickten und die er eigentlich immer dort traf, wenn er sich mit seiner Predigt niederließ. Er hatte aber auch solche im Blick, die im Windschatten des hektischen Kommens und Gehens ihre Geschäfte machten und in den Statistiken unter dem Oberbegriff »Kleinkriminelle« zusammengefasst werden. Schließlich meinte er mit den »Freunden Jesu« schlicht auch die vielen Reisenden. Menschen unterwegs, die gestresst vom Zug zur Arbeit oder zu einem Termin eilen, die abgeholt werden oder sich verabschieden. Und viele Wartende.

Die »Freunde Jesu« sind mir seither nicht mehr aus dem Kopf gegangen. Auch heute huscht mir manchmal diese Bezeichnung noch durch den Kopf, wenn ich durch eine große Bahnhofshalle laufe. Dabei hat sich das Bild im Lauf der Zeit noch einmal gewandelt. Heute sieht man an Bahnhöfen sicherlich noch mehr Menschen, die in einem anderen Land geboren sind und die durch Krieg, Vertreibung oder fehlende Perspektiven in ihrem Herkunftsland hier gestrandet sind, ohne wirklich angekommen zu sein. Schließlich stehen dort und im Umfeld Menschen, die sich selbst als »Ware«

anbieten. Die illegale Prostitution ist für manche die Endstation auf einer Reise, zu deren Beginn sie sich den Aufbruch in ein besseres Leben erhofft hatten. Bahnhöfe sind in gewisser Hinsicht wie ein Spiegel, der einer Gesellschaft vor Augen gehalten wird. Dieser Spiegel macht sichtbar, was tatsächlich ist. Und er gibt manchmal mehr zu erkennen, als man vielleicht selbst sehen will. Zu diesem Blick in den Spiegel gehört auch, dass sich Bahnhofshallen immer mehr zu Verkaufsorten oder regelrechten Einkaufszentren gewandelt haben.

Nicht zu vergessen: Im Sommer 2015 prägte sich vielen Menschen ein besonderes Bild von Bahnhöfen ein. Für wenige Wochen waren sie so etwas wie ein Aushängeschild für eine freundliche und hilfsbereite Willkommensgesellschaft. Ankommende Menschen auf der Flucht wurden klatschend begrüßt und mit Willkommensgeschenken empfangen. Sie trafen nach der gefährlichen Flucht, auf der sie häufig von der Polizei und der Bevölkerung anderer Länder wie Verbrecher gejagt und misshandelt wurden, auf einmal auf eine Gesellschaft, die in ihnen einfach Menschen sah, die Schutz suchen. Diese Bilder von Bahnhofshallen gingen um die Welt. Mit einem Mal schienen Bahnhofshallen Spiegelbild einer humanen Gesellschaft zu sein. Eine Gesellschaft, die bereit ist, über sich selbst hinauszuwachsen und das zu tun, was dran ist: Mitmenschlichkeit zu zeigen.

Aber das ist Vergangenheit. Der Spiegel ist stumpf geworden, die Bilder verblassen oder werden zunehmend verzerrt. Wer im Sommer 2015 noch als freundliches Gesicht eines hilfsbereiten Deutschland gefeiert wurde, wird heute von manchen als »Bahnhofsklatscher« betitelt. An die Stelle der »Willkommenskultur« scheint eine »Sicherheitskultur« getreten zu sein. Menschen auf der Flucht werden in Bahnhöfen seltener mit Blumen, dafür immer häufiger mit skeptischen Blicken anderer Reisender oder mit polizeilichen Kontrollen begrüßt.

Ich denke wieder an die »Freunde Jesu«. Es ist auch für mich eine herausfordernde Vorstellung, an wessen Seite sich Jesus in unseren Bahnhofshallen stellen würde. In der biblischen Tradition hat sich eine Erinnerung an Jesus und seine Freunde erhalten. Wenig schmeichelhaft, eher im Tonfall »naiver Bahnhofsklatscher« überliefert das Matthäusevangelium das verächtliche Urteil einiger Zeitgenossen Jesu: »Siehe, ein Fresser und Säufer, ein Freund der Zöllner und Sünder!« (Matthäus 11,19). Dass sich Jesus vornehmlich in der Schilderung der Evangelien auf öffentlichen Straßen und Plätzen aufhielt, um seine Botschaft auszurichten, ist kein Zufall, sondern Programm. Seine Kritik am Tempel in Jerusalem sorgte für Unruhe und brachte ihn schließlich ans Kreuz. Dass er Menschen auf der Straße die Vergebung ihrer Sünden zusagte, war empörend für die Frommen seiner Zeit. Für sie war der Tempel der einzig rechtmäßige Ort, um Sünden zu vergeben. Dass einige in ihm den Befreier von der römischen Besatzung und andere in ihm den Anführer eines Aufstands sahen, lag nicht in seiner Absicht. Dass aber seine Botschaft in der Tradition der Propheten Israels politisch verstanden werden musste, war nicht nur unangenehme Begleiterscheinung einer ansonsten rein religiösen Botschaft.

Im Zentrum seiner Predigt steht die radikale Veränderung der gesellschaftlichen Verhältnisse. Und das nicht nur in der Bergpredigt, in der sich so etwas wie eine Magna Charta einer neuen Gesellschaftsordnung erkennen lässt: »Selig, ihr Armen, denn euch gehört das Reich Gottes« (Lukas 6,20). Ein Satz, von dem zumindest zur Zeit Jesu für jeden klar war, dass er nicht eine Vertröstung auf ein vermeintlich besseres Leben im Jenseits meinte, sondern die gesellschaftliche Ordnung der Gegenwart auf den Kopf stellte. Er sprach von den Menschen, die an den Rand gedrängt zu den »Armen« der Gesellschaft gemacht wurden. Und er redete über die Reichen, für die es in seiner Erwartung eine mühsame Herausforderung sein würde, in das Reich Gottes zu kommen. Ihnen gilt in der Bergpredigt die eindringliche Drohung: »Doch weh euch, ihr Reichen, denn ihr habt den Trost schon empfangen« (Lukas 6,24). Diese Überzeugung gipfelt in der Aussage: »Eher geht ein Kamel durch ein Nadelöhr, als dass ein Reicher in das Reich Gottes gelangt« (Markus 10,25).

In einem Land wie Deutschland, in dem 10 Prozent der Bevölkerung mehr als 50 Prozent des gesamten Nettovermögens besitzen, eigentlich doch eine Botschaft von revolutionärer Sprengkraft. Warum erlebe ich die Vertreter der christlichen Religion hier oft so leise oder gar stumm? Warum diese Zurückhaltung? Wer über Armut redet, muss auch über den Reichtum sprechen. Das war für Jesus klar. In unserer Zeit erscheint es mir manchmal so, als würde dieser logische Zusammenhang bewusst verdrängt, als hätte das eine nichts mit dem anderen zu tun. Entwicklungshilfeprogramme im Großen und konkrete Maßnahmen zur Bekämpfung der Armut vor Ort scheinen wie losgelöst von einer notwendigen Debatte über den unermesslichen Reichtum in den Händen weniger. Und wer von Umverteilung und einer höheren Besteuerung der Reichen zu sprechen wagt, gilt als »links«.

Dabei ist der Gedanke daran, dass Reiche im Land weit mehr Verantwortung für das Gemeinwesen übernehmen müssten als bisher, nichts anderes als eine logische Konsequenz und damit nicht »links«, sondern zunächst einmal vernünftig. Jesus hat diesen Zusammenhang immer wieder zum Thema gemacht.

Und das nicht nur im Gleichnis vom reichen Mann und vom armen Lazarus (Lukas 16,19–31). Die Verheißung für die Armen verband sich in seiner Botschaft immer mit dem Umkehrruf in Richtung der Reichen. Wer die Evangelien liest, kann nicht die Augen davor verschließen, dass Jesus auf der Seite der Armen stand. In seiner Botschaft lässt sich nirgendwo ablesen, dass die Bekämpfung der Armen durch reine Fürsorge und durch Almosen zu leisten sei. Armut erfordert nicht Wohltätigkeit, sondern mindestens Solidarität. Und eigentlich verlangt sie Veränderung. Jesus verkündete nicht weniger als eine neue Gesellschaftsordnung. Die Solidarität mit den Benachteiligten und die Veränderung ungerechter Verhältnisse stehen im Zentrum dieser neuen Ordnung. Sie werden nicht delegiert an Wohlfahrtsorganisationen, sondern sind das Grundprinzip der neuen Gesellschaft, die Jesus »Reich Gottes« nennt.

Vielleicht lässt sich diese Botschaft in unseren Tagen aber erst wiederentdecken, wenn sie aus den Mauern der herkömmlichen heiligen Räume befreit wird. Das Evangelium gehört auf die Straße und nicht in den Sakristeischrank. Es gehört auch nicht nur in Retreat-Häuser oder auf klösterliche Besinnungstage. Der Ort dieser Botschaft ist zuerst dort zu finden, wo sich Jesus auch vornehmlich aufhielt: auf der Straße und auf öffentlichen Plätzen.

Wer einmal das Experiment wagt, sich wie der Pater mit seiner Predigt oder mit seiner Bibel in eine Bahnhofshalle zu setzen – nicht, um zu missionieren, sondern um sich selbst etwas sagen zu lassen –, wird erleben, wie sich manche Texte, aus herkömmlichen heiligen Räumen befreit, neu entfalten. Matthäus 25,31–46 zum Beispiel. Dort ist vom Endgericht die Rede. Letztlich markiert die Rede vom Gericht in den Evangelien immer Punkte, an denen es in der Gegenwart mit höchster Dringlichkeit darum geht, sich zu entscheiden. Lesen wir doch einmal diesen Text im Bahnhof – nicht auf einer Kanzel, sondern irgendwo in einem Wartebereich! Die gleichen Worte, die uns in einer Kirche gerade mal in eine andächtige Haltung oder auch nur in Müdigkeit versetzen, werden dort zur beunruhigenden, ja revolutionären Botschaft! Denn die Personen, von denen im Gerichtsgleichnis in Matthäus 25,21–46 die Rede ist, sind echt. Die Menschen fragen dort den König, der am Ende der Tage das Weltgericht herbeiführt: »Herr, wann haben wir dich hungrig gesehen und dir zu essen gegeben, oder durstig und dir zu trinken gegeben? Und wann haben wir dich fremd und obdachlos gesehen und aufgenommen, oder nackt und dir Kleidung gegeben? Und wann haben wir dich krank oder im Gefängnis gesehen und sind zu dir gekommen?« Die Antwort könnte deutlicher nicht ausfallen. Und sie ist nicht auf irgendeine jenseitige Welt bezogen, sondern wird unausweichlich konkret: »Was ihr für einen meiner geringsten Brüder getan habt, das habt ihr mir getan.« Um es in der Konsequenz unmissverständlich auch für die klar zu machen, die die Augen verschließen wollen, folgt im gleichen Text noch als Verstärkung: »Was ihr für einen dieser Geringsten nicht getan habt, das habt ihr auch mir nicht getan.«

Den ersten Christen war klar: An der Haltung zu den Benachteiligten entscheidet sich alles. In den drastischen Farben der Gerichtsvorstellung geht es um Gerettetwerden oder Verlorengehen. Die fragenden Menschen stelle ich in meiner Fantasie in die heutige Zeit in unsere Bahnhofshallen. Die Realität gibt die Antwort auf die im Evangelium gestellten Fragen nach dem Ort und der Zeit, wo denn »die Geringsten« zu sehen sind.

Vielleicht ist es die größte »Schuld« der Geflüchteten unserer Tage, dass sie sichtbar machen, was die privilegierten Gesellschaften bisher erfolgreich aus ihrem Bewusstsein verdrängt hatten: dass die Kehrseite unseres Reichtums nicht nur die Armut hier in Deutschland ist, sondern dass die Zusammenhänge unseren Blick weit über die bisher in Deutschland sichtbare Ungerechtigkeit hinausführen. Und jetzt stehen die Folgen von jahrhundertelanger Kolonialisierung oder von jahrzehntelangen Rüstungsexporten vor der Tür. Sie stehen sichtbar auf unseren Bahnhöfen. Menschen auf der Flucht stellen ganz konkret mit ihrer Anwesenheit die alte Ordnung, nach der die einen sicher und im Reichtum leben und andere unter Krieg, Verfolgung oder Armut leiden, sichtbar in Frage. Ein Teil der Abwehr gegenüber Menschen auf der Flucht, wie wir sie im Augenblick erleben, ist genau auf dieses Sichtbarwerden der Benachteiligung zurückzuführen.

Der Evangelist fordert seine Gemeinde über die fragenden Menschen im Gleichnis aber geradezu dazu auf, hinzuschauen: Schaut auf die konkreten Menschen und entscheidet euch, auf welcher Seite ihr stehen wollt! Davon hängt ab, ob ihr als Christen erkannt werdet oder nicht. Was aber passiert augenblicklich? Anstatt hinzuschauen und sich zu entscheiden, unternehmen westliche Gesellschaften große Anstrengungen, um das konkrete Leid in Gestalt der Geflüchteten sozusagen wieder unsichtbar zu machen. Maßnahmen der Abschottung, die »Konzentrierung« von Menschen auf der Flucht in sogenannten Ankerzentren sind der Versuch, die »alte Ordnung« wiederherzustellen, indem man die Menschen, die mit ihrer Anwesenheit unsere Privilegien in Frage stellen, aus dem Blickfeld räumt. Und woran könnte man genau in dieser entscheidenden Situation Menschen erkennen, die sich an der christlichen Botschaft orientieren? Es wären die besonders wachen Zeitgenossen, die hinschauen, den Mund aufmachen und in unserer Gesellschaft sagen und praktizieren, dass ihr Platz an der Seite der Benachteiligten ist.

Voraussetzung ist, dass die Kirchen auf die Straßen gehen und die Zeit der Beschäftigung mit sich selbst und internen Problemen beenden. Solange ein Mensch auf der Flucht im Mittelmeer ertrinkt oder sich aus Angst vor der Abschiebung das Leben nimmt, halte ich es für beschämend, sich als Christ so zu verhalten, als sei die größte Herausforderung unserer Zeit der Priestermangel. Solange noch ein alter Mensch abends in der Dunkelheit von Mülltonne zu Mülltonne wandert, um Pfandflaschen einzusammeln, die sich dann gegen ein paar Cent eintauschen lassen, schäme ich mich für jede Diskussion darüber, ob es in der Gesellschaft so etwas wie einen »Glaubensschwund« gibt, der dazu führt, dass die Kirchen immer leerer werden.

Und ich staune über den Mut mancher Christen, die genau das leben, was nach meiner Überzeugung Jesus auch getan hat. Ich habe großen Respekt vor »Ordensleuten für den Frieden«, die sich mit Transparenten und laut trommelnd vor den Zwillingstürmen der Deutschen Bank in Frankfurt versammeln, um gegen die Millionenbonuszahlungen für die Manager der Deutschen Bank zu demonstrieren und die seit vielen Jahren kritisieren: »Diese Wirtschaft geht über Leichen.« Wie eine Ikone hat sich mir ein Foto aus dem Jahr 1997 eingeprägt, das Benediktinerinnen im Kloster Dinklage zeigt, die in ihrem Ordensgewand vor einem Polizeiauto auf der Straße sitzen, um eine Abschiebung eines Menschen zu blockieren, den sie in ihrem Kloster im Kirchenasyl aufgenommen hatten. Unsere Haltung als Christen müsste an mancher Stelle wieder lauter und unbequemer werden.

Bestärkt fühle ich mich auch hier wieder durch viele Äußerungen und Gesten des Papstes. Schon lange hat kein Papst mehr so deutlich gezeigt, dass ihm der Mensch wichtiger ist als die reine Lehre. Interessant ist, dass Franziskus immer dann sehr konkret und deutlich wird, wenn es um die Not von Menschen geht, um Geflüchtete, um Obdachlose oder um die Verlierer eines ungehemmten Kapitalismus. In Fragen der Lehre äußert er sich hingegen eher zurückhaltend und vertraut sie der persönlichen Gewissensentscheidung an. Innerkirchliche Belange überlässt er gerne Entscheidungsprozessen in den Ortskirchen. Wenn es um die Not der Menschen geht, schlägt er andere Töne an. Er scheut sich nicht, zugespitzt und laut auf die Ungerechtigkeit hinzuweisen und benachteiligte Menschen wieder sichtbar zu machen. »Diese Wirtschaft tötet«, schreibt er in seiner Enzyklika *Evangelii Gaudium* über das System des Kapitalismus (EG 53).

Und er weiß gleichzeitig, dass die Glaubwürdigkeit seines Protests mit der Einstellung der Kirche zu ihrer Geschichte und zu ihrem eigenen Reichtum zusammenhängt. »Ach, wie möchte ich eine arme Kirche für die Armen!«, rief er bei seiner ersten Audienz für Medienvertreter am 16. März 2013 aus. Es ist an der Zeit, dass die Kirche nicht nur auf die Straße geht und sich laut auf die Seite der Benachteiligung stellt, sondern es ist um ihrer Glaubwürdigkeit willen auch an der Zeit, dass sie Benachteiligung und Diskriminierung, die aus ihrer Mitte heraus geschieht, konsequent beendet. Eine reiche Kirche muss sich von Privilegien verabschieden und ihren Reichtum noch konsequenter für die Armen einsetzen, soll man ihr abnehmen, dass sie an ihrer Seite steht.

Ich lasse mich mit meiner Fantasie wieder in der Bahnhofshalle nieder und lese dort einen Satz aus dem Zweiten Vatikanischen Konzil, der mich seit meiner Studienzeit begleitet: »Freude und Hoffnung, Trauer und Angst der Menschen von heute, besonders der Armen und Bedrängten aller Art, sind auch Freude und Hoffnung, Trauer und Angst der Jünger Christi. Und es gibt nichts wahrhaft Menschliches, das nicht in ihren Herzen seinen Widerhall fände« (*Gaudium et Spes* 1).

Mit meinen Gedanken wandere ich zu anderen »unheiligen Orten«, an denen Jesus vielleicht heute zu finden wäre. Ich lande in einer Warteschlange im Jobcenter und frage mich, wie Jesus hier wohl Menschen erfahren ließe, dass sie eine Würde haben, die ihnen niemand nehmen kann. Ich lasse mich für einen Augenblick in einer Pflegestation in einem Altenheim nieder. Mir erzählt ein Pfleger, dass er manchmal nicht einmal Zeit hat, selbst auf die Toilette zu gehen, weil zu wenige und noch dazu schlecht bezahlte Pflegekräfte die Verantwortung für zu viele pflegebedürftige alte Menschen haben. Und ich lasse auch hier die Worte aus dem Konzilsdokument *Gaudium et spes* nachklingen.

Und dann fällt mein Blick für einen Moment auf Mitarbeiterinnen und Mitarbeiter der »Bahnhofsmission«, die rund um die Uhr auf Bahnhöfen für Menschen da sind, weil diese aus unterschiedlichen Gründen Hilfe brauchen. In meinen Protest mischt sich in diesem Moment auch Dankbarkeit und Respekt für so vieles, was Menschen bereits in ihrem Beruf oder ehrenamtlich tun. Und ich denke nochmal an den Pater zurück, der mir vor mehr als dreißig Jahren die Augen geöffnet hat für die Menschen auf Straßen, Plätzen und in den Bahnhofshallen als Orte, an denen sich alles entscheidet.

Kapitel 7

»Wenn es dran ist, setze ich mich auch auf die Straße«

Eines wird mir immer klarer: Wer Christsein aufs Beten beschränken will oder wer einem nahelegt, man solle sich doch lieber um das »Seelenheil der anvertrauten Schäfchen« kümmern als um Politik, der hat vor allem eines im Sinn: dass sich nichts ändert an den bestehenden Verhältnissen. Dass Geflüchtete am besten wieder unsichtbar werden, aus unseren Augen und aus unserem Land verschwinden, dass Reiche reich bleiben und Arme ihren Platz an der unteren sozialen Skala behalten und dass die bestehende Ordnung, nach der es privilegierte Länder gibt und solche, die benachteiligt sind, nicht infrage gestellt wird.

All das ist für mich aber nicht vereinbar mit der Botschaft Jesu, die in ihrem Kern zum Umdenken aufruft. So zumindest ist der griechische Begriff *metanoia*, der ganz zu Beginn des Markusevangeliums die

Botschaft Jesu zusammenfasst, wörtlich zu verstehen (Markus 1,15): »Denkt um und glaubt an das Evangelium!« Jesus verstand diesen Ruf umzudenken tatsächlich als eine befreiende Botschaft für Benachteiligte und als Einladung an die Privilegierten, auf ihren Status zu verzichten. Seine gewaltlose Revolution der Liebe hatte eine neue Gesellschaftsordnung zum Ziel: das »Reich Gottes« – eine Welt, in der die Uhren anders ticken. Er trat auf mit dem Selbstbewusstsein der Propheten. So zumindest beschreibt ihn der Evangelist Lukas bei seinem ersten öffentlichen Reden in der Synagoge von Kafarnaum: »Der Geist des Herrn ruht auf mir; denn er hat mich gesalbt. Er hat mich gesandt, damit ich den Armen eine frohe Botschaft bringe ...« (Lukas 4,18).

Es ist dran, das Christentum nicht länger mit Konservativsein oder Bravsein zu übersetzen, sondern mit Erneuerung und Umdenken. Es ist Zeit, den prophetischen Auftrag Jesu wieder ernst zu nehmen, Partei zu ergreifen und laut zu werden, wo Menschen in ihrer Würde verletzt werden. Es ist Zeit, dafür auch den Konflikt einzugehen mit denen, die wollen, dass sich nichts ändert. Die Botschaft Jesu ist eine, die gerade zur Erneuerung aufruft. Deshalb gilt es, endlich laut und selbstbewusst für eine Veränderung der Politik einzutreten – gerade auch gegenüber den Parteien, die das »C« im Namen tragen.

Das geht auf unterschiedliche Weise. Im Mai 2018 erhalte ich kurz nach dem »Kreuzerlass« des Bayerischen Ministerpräsidenten einen Anruf des Jesuiten und Sozialethikers Jörg Alt. Er sagt mir, er habe mit Beatrice von Weizsäcker gesprochen. Sie ist Juristin, Publizistin und Mitglied im Präsidium des Evangelischen Kirchentages. Die beiden haben von meiner Kritik an Söders Kreuzaktion gehört und sie treibt der Gedanke um, dass wir uns gemeinsam als Christen deutlich zu Wort melden sollten. Wir wollen nicht länger dabei zusehen, dass das Christliche in der Politik als Bollwerk missbraucht wird gegen die Veränderung in der Gesellschaft, gegen Migrantinnen und Migranten und vor allem gegen den Islam. Wir wollen deutlich machen, was nach unserer Überzeugung tatsächlich Kennzeichen einer christlichen Politik wären. Ein Text entsteht, den wir mit einer langen Liste von Unterzeichnern versehen und in dem wir aus unserer Sicht in knappen Worten beschreiben, was sich an der gegenwärtigen Politik ändern müsste, damit man ihr eine christliche Prägung anmerkt. Ich weiß nicht, ob sich die Angesprochenen tatsächlich zum Umdenken bewegen lassen. Aber wir wollen vor allem nicht länger dazu schweigen und dabei zusehen, wie das Christliche in der Politik zu einem reinen Instrument der Abgrenzung gegenüber Menschen anderer Religion verkommt. Wir richten unseren Text deshalb in Briefform an den Bayerischen Ministerpräsidenten, an den CSU-Vorsitzenden und an alle Wählerinnen und Wähler:

Kennzeichen christlicher und sozialer Politik

Sehr geehrter Herr Ministerpräsident Söder,
sehr geehrter Herr Parteivorsitzender Seehofer,
sehr geehrte Parteimitglieder der CSU,
sehr geehrte Wähler*innen,
in den vergangenen Monaten verschärfte sich der Streit darüber, was Merkmale einer christlichen und sozialen Politik sind, und wir befürchten, dass sich dies im Vorfeld des anstehenden Landtagswahlkampfs fortsetzt. Deshalb möchten wir darlegen, was aus unserer Sicht Kennzeichen einer solchen Politik sind – und dies nicht nur wegen des Streits um die Bedeutung des Kreuzes für Religion, Kultur und Gesellschaft.

Eine Politik ist unserer Meinung nach dann christlich und sozial, wenn sie sich verantwortungsvoll an den Realitäten einer zunehmend globalisierten Welt orientiert, diese den Wähler*innen vermittelt, verkürzende Symbolpolitik ablehnt und christliche, am Evangelium orientierte Werte nicht nur in Parteiprogrammen, sondern auch in konkreten tagespolitischen Entscheidungen zum Ausdruck bringt. Das bedeutet, dass Politik im Namen gesellschaftlicher

Solidarität und sozialen Zusammenhalts betrieben werden muss und dabei nicht an nationalen Grenzen enden darf: Bayerische und deutsche Politik muss ihre Folgewirkungen auf benachteiligte Länder mitbedenken. Dies bedeutet ebenso, dass Abwertungen und Ausgrenzungen anderer Menschen, unabhängig von deren Religion, Herkunft, Geschlecht oder sexueller Orientierung, vermieden werden müssen.

Vor diesem Hintergrund sind wir beispielsweise dafür,

dass Flüchtlingspolitik von den Fluchtursachen und nicht von (Ober-)Grenzen her gedacht werden muss;

dass Schutz Suchende nicht in Krisengebiete abgeschoben werden dürfen;

dass Verallgemeinerungen (etwa: »Der Islam gehört nicht zu Deutschland«) durch differenzierende Aussagen zu ersetzen sind;

dass der juristischen Tatsache Rechnung getragen wird, nach der laut Artikel 1 des Grundgesetzes die Würde aller Menschen - also auch die von Geflüchteten und psychisch Kranken - unantastbar ist.

dass Armutsverringerung auch das Sprechen über Reichtum erfordert und eine angemessene Besteuerung nach Leistungsfähigkeit;

dass die Freiheit weniger durch die Abwesenheit von Sicherheit gefährdet wird als durch die Abwesenheit von Gerechtigkeit;

dass angesichts der anstehenden komplexen glo-
balen Transformationen und der bayerischen Kas-
senlage massiv öffentliche Gelder investiert werden
sollten, um Bayern zu einer sozial gerechten und
ökologisch nachhaltigen Modellregion zu gestalten.

Mit einer solchen Politik gelänge zudem eine
christlich-soziale Profilierung bayerischer Politik
gegenüber Populisten und Vereinfachern. Wir ap-
pellieren an Sie: Es ist nicht zu spät, den aktuellen
Kurs zu korrigieren.
(veröffentlicht am 28.05.18)

Immer noch meinen zu viele Menschen, sie seien ohn-
mächtig und könnten nichts an der Politik ändern.
Ich sehe das anders. Ich erlebe zum Beispiel, dass es
durchaus Eindruck auf Abgeordnete macht, wenn
man sie persönlich anschreibt oder anspricht. Große
Demonstrationen und Protestaktionen z.B. gegen das
Bayerische Polizeiaufgabengesetz oder gegen das Psy-
chiatriegesetz zeigen sehr wohl Wirkung. Proteste gegen PEGIDA oder gegen die AfD sind nicht umsonst.

Gleichzeitig zeigt mir der Weg Jesu auch, dass es
sich immer lohnt, miteinander zu reden. Jede Auseinandersetzung muss im Blick behalten, dass jeder
Mensch - auch der vermeintliche Nazi - die gleiche
Würde hat wie ich selbst. Ein Vorbild ist für mich dabei eine Frau geworden, die sich tatsächlich auf die

Spur von Nazis gemacht hat. Die Publizistin Mo Asumang hat in ihrem Dokumentarfilm »Die Arier« den unglaublichen Versuch unternommen, Menschen, die wir als Neonazis bezeichnen, zu verstehen. Sie ist zu Naziaufmärschen gefahren und hat sich mit dem Chef des amerikanischen Ku-Klux-Klans getroffen. Bei ihren Interviews wirkt sie stets ruhig. Ich habe sie einmal gefragt, wie sie das schaffe. Sie antwortete mir: »Ich interessiere mich für Menschen. Ja, ich interessiere mich tatsächlich auch ehrlich für den Menschen, der mir gerade als Nazi gegenübertritt. Deswegen spreche ich ganz höflich und ehrlich mit ihm im Interview. Aber es ist doch klar, dass ich mich bei anderer Gelegenheit auch auf die Straße setzen würde, um ihn zu blockieren, wenn er mit anderen Neonazis durch meinen Kiez marschiert.«

Ich bewundere diese Haltung von Mo Asumang. Sie ist hoch politisch. Sie hat einen eigenen Standpunkt. Wenn es dran ist, setzt sie sich sogar wie eine Prophetin für ihre Sache auf die Straße. Gleichzeitig achtet sie die Würde jedes Menschen – auch die des Andersdenkenden und vielleicht sogar gefährlich Verblendeten. Sie verliert in all ihrer Deutlichkeit nie die Freundlichkeit, vielleicht könnte man auch sagen: Sie bewahrt sich in allem die Liebe zum Menschen.

Für mich ist diese Haltung eine, die ich als christlich oder jesuanisch bezeichnen würde, auch wenn ich nicht weiß, ob Mo Asumang damit für sich etwas anfangen könnte. Es geht um ein entschiedenes, lautes Parteinehmen. Niemals darf aber beim Eintreten für mehr Mitmenschlichkeit in der Politik die eigene Mitmenschlichkeit dem Protest geopfert werden. Vielleicht ist es das, was das politisch engagierte Christentum ausmacht:

Es engagiert sich laut und deutlich, ohne die Würde anderer zu verletzen.

Es stellt sich konsequent auf die Seite der Benachteiligten, macht Privilegien sichtbar und glaubt dabei grundsätzlich daran, dass Umdenken und Umkehr für alle möglich ist.

Es setzt auf Veränderung scheinbar unabänderlicher Verhältnisse.

Es nutzt das Instrument der Unterbrechung – vor allem, wenn es um die Unterbrechung eingefahrener Denk- und Redemuster geht.

Es hat einen Blick für Andersorte – für jene Orte also, an denen bereits Wirklichkeit wird, was wir als Vision mit uns tragen: Gerechtigkeit für Benachteiligte oder Frieden zwischen Verfeindeten.

Und mir wird immer klarer, warum ich mich als Christ für die Demokratie einsetzen will, die eben kein Verdienst ist und keine ein für alle Mal sichere Errungenschaft. In der Demokratie ist all das am ehesten zu verwirklichen, was mir an christlichen Werten wichtig ist: Die Demokratie ist am ehesten Garant dafür, dass die Solidarität vor dem Recht des Stärkeren Vorrang bekommt, da sie auf der grundsätzlichen Gleichheit aller beruht. Vielleicht die größten Gefährdungen der Demokratie, denen wir uns augenblicklich gerade mit dem christlichen Menschenbild entgegenzustellen haben, sind der Nationalismus und die grenzenlose Ökonomisierung des Zusammenlebens. Die christliche Botschaft bestärkt mich darin, laut dafür einzutreten, dass die Solidarität unter Menschen grundsätzlich in einem Spannungsverhältnis steht zu Parolen wie »Amerika first« oder »Germany first« oder »Bavaria first«. Wer sich selbst an die erste Stelle setzt, wird nach der Überzeugung der Bibel den letzten Platz einnehmen. Die christliche Botschaft bestärkt mich darin, laut dafür einzutreten, dass der Mensch immer mehr wert ist, als seine Leistung oder gar als sein wirtschaftlicher Nutzen. Die Demokratie muss eben nicht marktkonformer werden, wie die Kanzlerin 2012 feststellte, sondern der Markt muss demokratiekonform und damit menschengerechter werden.

Dass der Mensch im Mittelpunkt steht, ist ein Kerngedanke der jesuanischen Botschaft. Artikel 1 (1) des Grundgesetzes ist vielleicht der christlichste Satz, auf dem eine demokratische Verfassung aufruhen kann: »Die Würde des Menschen ist unantastbar.«

Weil mich das als Christ ausmacht, dass ich davon überzeugt bin, dass jeder Mensch – ganz gleich, ob er in Deutschland geboren ist, ob er mit oder ohne Behinderung lebt, ganz gleich, welcher Religion er angehört oder welches Geschlecht er hat – Ebenbild Gottes ist, gehört das Eintreten für die Menschenwürde zu meiner christlichen Identität dazu. Vielleicht ist die Demokratie nicht die perfekte Staatsform, aber es ist diejenige, in deren Rahmen es am besten gelingen kann, die Menschenwürde zu bewahren. Damit ist sie vielleicht auch die christlichste Staatsform. Wollen wir als Christen und wollen wir speziell als christliche Kirchen aber tatsächlich glaubwürdig für die Demokratie als »christlichste Staatsform« eintreten, müssen wir selbst demokratischer und in diesem Sinn auch christlicher werden. Eine Kirche, die selbst noch Menschen z. B. wegen ihres Geschlechts oder wegen ihrer sexuellen Orientierung diskriminiert und damit die Würde bestimmter Menschen geringachtet, kann nicht laut und überzeugend gegen Kräfte in unserer Gesellschaft auftreten, die die Menschenwürde verletzen. Ich wünsche mir eine Kirche, die sich selbst noch konsequenter zur Achtung der Würde eines jeden Menschen bekennt, die niemanden ausschließt, die allen die gleichen Rechte gewährt und die sich selbst demokratisiert. Vor allem wünsche ich mir eine Kirche, die nicht länger um sich selbst kreist und ihren eigenen Untergang verwaltet, sondern die den prophetischen Auftrag Jesu für sich neu entdeckt, der immer in die Gesellschaft hinein gerichtet ist. Damit würde Kirche auch öffentlich wieder sichtbarer, wirksamer und vielleicht auch attraktiver.

Vor der Bundestagswahl im Sommer 2017 starteten Studierende in der Würzburger Hochschulgemeinde eine bundesweite Initiative. Sie luden gezielt Menschen dazu ein, in den letzten hundert Tagen vor der Bundestagswahl in knappen Worten auszudrücken, warum ihnen Demokratie wichtig ist. »Stimmen für Demokratie« hieß die Aktion. In ganz Deutschland haben Menschen täglich per Mail eine »Stimme für Demokratie« erhalten, sie konnten sie per Twitter oder auf Facebook empfangen. Prominente, aber auch Studierende kamen im Rahmen der Aktion zu Wort. Die Studierenden, die diese Aktion mitten in der Prüfungszeit unter Hochdruck organisiert haben, ließen sich nicht von der damit verbundenen Arbeit und dem hohen zeitlichen Aufwand abschrecken. Sie meinten, sie hätten in der Hochschulgemeinde für sich entdeckt, wie kostbar und gleichzeitig verletzlich die Demokratie sei. Deshalb wollten sie die Aktion auf jeden Fall starten. Für mich eines der schönsten Komplimente für unsere Arbeit als Kirche an den Hochschulen: wenn sich ausgehend von einer christlichen Gemeinde junge Menschen für die Demokratie stark machen. Die Zeugnisse gerade der jungen Leute machen mir Mut, selbst laut zu werden und mich einzumischen und sie ermutigen hoffentlich viele andere, sich bewusst als Christen politisch zu engagieren. Shiloe Mokay-Rinke, eine amerikanische Studentin, die sich lange in unserer Hochschulgemeinde in der Arbeit mit Geflüchteten engagiert hat, schreibt in ihrem Beitrag für »Stimmen für Demokratie«: »Viele von uns sind faul und bequem geworden. Wir schätzen nicht mehr, was uns die Demokratie und damit die Freiheit jeden Tag gibt. Statt aktiv zu werden, meckern wir. Wir sagen, dass wir Politikern nicht vertrauen können, dass wir nichts ändern können. Ich habe bereits in vier Ländern auf drei Kontinenten gelebt. Durch meine Begegnungen mit Menschen habe ich verstanden, was meine Verantwortung ist und was für ein Glück ich habe, als Amerikanerin geboren zu sein und in Deutschland zu leben. Das ist keine Leistung, sondern Zufall. Noch immer müssen weltweit sehr viele Menschen für die Rechte kämpfen, die ich als selbstverständlich betrachte. Wir wollen Demokratie, aber wir müssen sie wieder schätzen lernen. Sie bringt uns nicht nur Freiheit, sondern eben auch Verantwortung.« Shiloe, die übrigens als bekennende Atheistin den Platz für ihr Engagement in unserer Katholischen Hochschulgemeinde gefunden hat, fasst mit ihrem Statement zusammen, was ich bei vielen jungen Leuten in meinem Umfeld wahrnehme: ein neu erwachendes Bewusstsein für die Demokratie und für die Notwendigkeit, sich einzumischen. Das macht mir Mut, mich selbst als Christ politisch zu engagieren, laut zu werden. Wenn dieses Bewusstsein in einer christlichen Gemeinde genährt oder gar geweckt wird, dann sind wir – das ist meine Hoffnung – auf der richtigen Spur in der Tradition der Prophetinnen und Propheten, in der Nachfolge des Jesus von Nazaret und seiner »Revolution der Liebe«.

Ist nicht das ein Fasten, wie ich es wünsche: die Fesseln des Unrechts zu lösen, die Stricke des Jochs zu entfernen, Unterdrückte freizulassen, jedes Joch zu zerbrechen? Bedeutet es nicht, dem Hungrigen dein Brot zu brechen, obdachlose Arme ins Haus aufzunehmen, wenn du einen Nackten siehst, ihn zu bekleiden und dich deiner Verwandtschaft nicht zu entziehen?

Dann wird dein Licht hervorbrechen wie das Morgenrot und deine Heilung wird schnell gedeihen. Deine Gerechtigkeit geht dir voran, die Herrlichkeit des Herrn folgt dir nach. Wenn du dann rufst, wird der Herr dir Antwort geben, und wenn du um Hilfe schreist, wird er sagen: Hier bin ich. Wenn du Unterjochung aus deiner Mitte entfernst, auf keinen mit dem Finger zeigst und niemandem übel nachredest, den Hungrigen stärkst und den Gebeugten satt machst, dann geht im Dunkel dein Licht auf und deine Finsternis wird hell wie der Mittag.

Jesaja 58,6–10

Dank

Sich als Christ politisch zu engagieren, ist ein Weg, der nur gemeinsam mit anderen Menschen gegangen werden kann. Ich danke meinen lieben Freundinnen und Freunden, die mich über viele Jahre hinweg in diesem Engagement wohlwollend und kritisch begleitet, ermutigt und inspiriert haben.

Mehr als dankbar bin ich meinen Kolleginnen und Kollegen im Team der Katholischen Hochschulgemeinde, mit denen mich seit zehn Jahren das Eintreten für ein politisch engagiertes Christentum in der täglichen Arbeit verbindet. Ihre Solidarität und freundschaftliche Verbundenheit bilden die Basis für vieles, von dem in diesem Buch die Rede ist. Dass mir meine kirchlichen Vorgesetzten für diese Arbeit den nötigen Freiraum und Rückhalt gewähren, ist keine Selbstverständlichkeit. Auch hierfür bin ich dankbar.

Über den kirchlichen Rahmen hinaus verbindet mich die Vision von einer Gesellschaft, in der tatsächlich jeder in seiner Würde geachtet und geschützt wird, mit Menschen, die hierfür mit mir gemeinsam viel Zeit und Energie einsetzen: im »Würzburger

Bündnis für Zivilcourage«, im Ombudsrat der Stadt Würzburg gegen Diskriminierung, im Würzburger Flüchtlingsrat und in der Gesellschaft für christlich-jüdische Zusammenarbeit in Würzburg und Unterfranken e.V. Für diese Menschen, die sich in der Zivilgesellschaft engagieren und christliche Werte innerhalb und außerhalb der Kirchen ganz praktisch leben, bin ich dankbar.

Seit drei Jahren verbindet mich eine besondere Freundschaft mit Mohammad Harba, Nazir Miari, Obaida Allababidi, Mohammad Assef Mustafa, Rawad Zamrik und Yaman Nashed. Sie haben mir auf eine besondere Weise die Augen dafür geöffnet, dass es alles andere als selbstverständlich ist, in einer Demokratie zu leben. Ihre Flucht aus Krieg und Diktatur ist mir Verpflichtung, mich gemeinsam mit anderen für eine demokratische Gesellschaft einzusetzen.

Demokratisches Bewusstsein, einen wachen und kritischen Geist und die Freiheit im Denken und Reden habe ich zuerst und vor allem in meiner Familie bei so vielen Diskussionen am Mittagstisch gelernt. Dafür bin ich meinen Eltern und Geschwistern, die mich auch wieder durch die Höhen und Tiefen des Schreibens hindurchbegleitet haben, für immer dankbar.

Oft hatte ich beim Schreiben junge Menschen vor Augen, die ich in der Hochschulgemeinde, auf Demonstrationen oder in Flüchtlingsunterkünften kennengelernt habe. Sie zahlen manchmal einen hohen persönlichen Preis für ihr Engagement. Ihnen danke ich für ihren Mut und ihr Vorbild. Besonders dankbar bin ich Carolin Förg und Jonas Wilzewski, die mir erlaubt haben, ihre Geschichte zu erzählen und ihre Texte zu veröffentlichen.

Schließlich danke ich dem Vier-Türme-Verlag für die Anregung zu diesem Buch, Stefan Weigand für das ansprechende Layout und seine ermutigende und motivierende Begleitung sowie Marlene Fritsch, die als Lektorin mit ihrem Sachverstand, mit Beharrlichkeit und inhaltlich verbunden wesentlich zum Gelingen des Buches beigetragen hat.

Quellen

»Das Kreuz des Jesus Christus«, aus: Lothar Zenetti, Auf Seiner Spur. Texte gläubiger Zuversicht © Matthias Grünewald Verlag der Schwabenverlag AG, Ostfildern 2011. www.verlagsgruppe-patmos.de

Der Text in Kapitel 4: »Auf einer Demonstration gegen eine Sammelabschiebung nach Afghanistan spricht mich ein Student an …« bis zum Ende wurde zuerst veröffentlicht als Beitrag mit dem Titel »Eine engagierte Generation und ihre Verzweiflung« in der Zeitschrift »Lebendige Seelsorge«, Heft 2/2018 »Migration«.